제3판

항공여객 예약실무

TOPAS SellConnect

Reservation System for Airline Passengers

김병헌 · 송미선 공저

기문사
www.kimoonsa.co.kr

머리말

현대에 이르러 항공기의 출현과 기술발전으로 교통수단이 획기적으로 확장되고, 대형 호텔 등장에 의한 관광 인프라가 양적 · 질적으로 확대되어 왔다. 이와 함께 현대사회 구성원들의 가처분 소득의 증가와 여가시간의 확대 및 삶의 질을 중시하는 가치관의 변화에 따라 관광수요가 급격한 성장을 거듭하고 있다. 항공기의 대형화에 의한 수송력 증대와 국제 간의 교류 증가와 관광 수요 확대는 항공운송서비스 발전의 확실한 기반이 되고 있다.

이와 같은 국내외 항공운송서비스 확대에 따른 항공여행관련 산업 발전을 담당할 전문인력 양성이 지속적으로 요구되고 있다. 특히 항공여객 관련하여, 항공여객예약 업무는 관련 산업 분야의 가장 근본적이고 필수적인 과목이 된다. 항공사 여객영업 및 판매 서비스 담당 전문 인력과 여행사의 여행 상품 판매 및 카운터 서비스 전담 인력으로 업무를 시작하는 산업 역군에게 있어서 이에 대한 이해와 숙달은 필수적이다. 또한, 호텔 숙박 분야 예약 서비스 담당과 렌터카 업무 담당에게 있어서도 항공운송의 전후와 연결되는 산업이므로 중요한 분야가 된다. 아울러 일반 회사의 출장서비스 관련 업무를 담당하는 분야에 있어서도 필요하며, 나아가 항공사, 여행사 등 관광산업의 중심적 인력으로 성장할 핵심 인재에게 있어서 가장 기본적으로 학습해야 하는 항공 업무 분야가 항공여객예약 업무가 된다. 나아가 급증하는 국제 교류 속에 국제 여행을 빈번하게 해야 하는 현대 사회인에게 있어서 이에 대한 이해는 많은 어드밴티지(advantage)가 될 것으로 기대된다.

이러한 현실을 고려하여, 저자는 해당분야 업무 현장의 오랜 경험과 학문적인 배경을 토대로 현업에 부합하는 학습 교재를 작성하려고 노력하였다. 본서는 항공업무를 학습하는 대학의 학부 학생이나 항공여행 업무에 진출한 일반인을 주된 대상으로 하였으며, 나아가 항공예약 및 CRS/GDS에 대한 체계적인 학습을 희망하는 업계 관계자를 위해 작성되었다. 예약 업무는 항공운송서비스 과정상에 어떤 기능을 수행하는지 유관 업무에 대한 내용을 제공하여 전체적인 맥락을 이해하도록 도모하고 방대한 내용에 대한

핵심적인 사항은 숙지하고 일반적인 지식은 이해하는 방식을 통해 장래 전문가가 될 학습자가 업무에 대한 기본적인 소양을 함양할 수 있도록 구성하였다.

항공여객예약 업무에 대한 이해와 숙달을 도모하기 위해 본서는 다음과 같이 편성하였다.

(1) 예약업무 배경 지식, 예약업무 전문지식, 예약업무 확장 등 크게 3개 편으로 편성하고, 대학의 1개 학기 수업에 맞게 13장으로 구성하였다.
(2) 제1편은 항공여객운송 업무와 CRS/GDS의 개념과 변화에 대해 학습함으로써 항공운송서비스의 흐름과 CRS의 역할과 발전에 대해 이해할 수 있도록 하였다.
(3) 제2편은 항공여객예약 업무를 수행하는 기본적 지식과 관련 키워드(keyword) 및 엔트리(entry)와 로직(logic)을 이해하고 학습하도록 편성하였다.
(4) 제3편은 제2편의 기본적인 예약기록(PNR) 작성과 수반하여 보다 확장된 관련업무에 대한 이해를 도모하기 위한 부문으로 편성하였다.
(5) 각 장에서 학습한 기본적인 중요한 엔트리(entry)를 정리하여 각 장의 후미에 제시하여 학습 수준을 점검하고 장의 끝에는 학습한 내용을 진단할 수 있도록 연습문제를 제공하였다.
(6) 부록으로 항공예약업무에 관련한 내용을 수록하여 항공 예약시스템 이외의 항공여객 업무 일반에 대한 이해를 높일 수 있도록 하였다.

항공여행업계는 2019년 말에 발생한 코로나-19 팬데믹으로 항공여행의 위축과 함께 여행 안전에 대한 관심도가 크게 증가하게 되었다. 각국 정부와 항공안전 관련 기관들은 여행객 안전을 위한 제반 조치를 취하고 있다. 특히, 본서 제3판에서는 항공여객예약에서 고객정보의 새로운 추가적 정보와 자료를 수록하여 항공여객예약 업무에 활용할 수 있도록 하였다. 이를 위해 국내 대표적 GDS/CRS인 토파스여행정보의 항공여행업계 안내자료가 기반이 되었음을 첨언한다.

본서에 대한 기획 과정에서 조력을 아끼지 않은 학계 선후배님, 항공사 전문가, CRS 관계자와 제작을 지원한 출판사 여러분께 감사드린다. 본서에 대한 학계 여러분의 조언과 학습자 여러분의 관심을 토대로 차후 더욱 나은 교재가 되도록 노력할 예정임을 첨언한다.

김병헌 · 송미선

차 례

I 항공여객예약 관련 기본 지식

Ⅱ 항공여객예약 작성 실무

I

항공여객예약 관련 기본 지식

제1장

항공여객예약 업무의 이해

1. 항공운송의 개념과 특성
   1) 항공운송의 개념
   2) 항공운송 서비스
2. 항공여객 서비스 프로세스와 예약
   1) 항공여객 서비스 프로세스
   2) 항공여객 예약서비스 업무의 기능
3. 항공여객 예약 시스템(CRS/GDS)
   1) CRS의 개요
   2) CRS의 태동
   3) CRS 중립성
   4) GDS의 개요
   5) 한국지역 대표 CRS와 TOPAS SellConnect

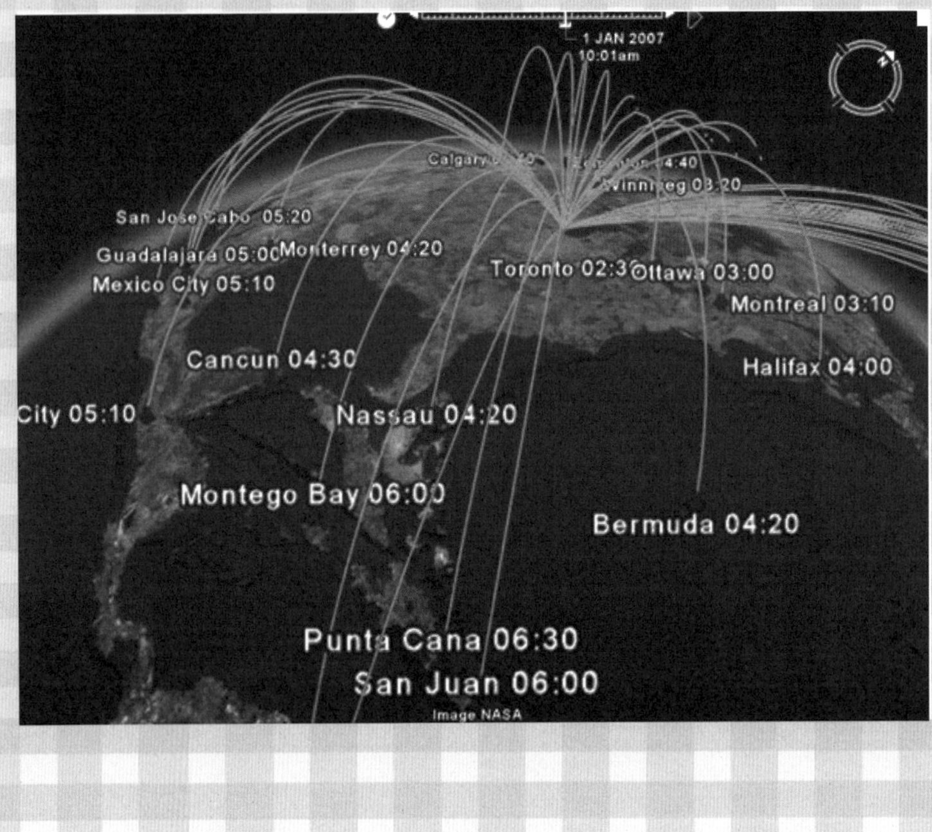
1 JAN 2007
10:01am
San Jose Cabo 05:20
Guadalajara 05:00
Monterrey 04:20
Mexico City 05:10
Toronto 02:30
Ottawa 03:00
Montreal 03:10
Halifax 04:00
Cancun 04:30
City 05:10
Nassau 04:20
Montego Bay 06:00
Bermuda 04:20
Punta Cana 06:30
San Juan 06:00
Image NASA

제1장

항공여객예약 업무의 이해

1 항공운송의 개념과 특성

1) 항공운송의 개념

항공운송(Air Transportation)이란 항공기를 이용하여 여객(Ppassenger)과 화물(Freight)을 운송하는 경제활동이다. 이러한 항공운송을 사업영역으로 하는 기업이 항공사(Airline)이고 항공기를 이용하여 경영행위를 하는 사업이 항공운송사업(Air Transportation Business)이다.

넓은 의미의 항공운송사업은 정기, 부정기, 전세항공뿐 아니라 개인의 레저목적이나 일반기업의 항공활동, 교육훈련 등의 개별적인 운송활동을 하는 모든 일반항공도 포함된다.

그러나 좁은 의미의 항공운송사업은 통상 일반항공이 제외되며 항공사의 상업적 목적의 운송만을 대상으로 한다. 따라서 일반적 의미의 항공운송사업은 타인의 수요에 맞추어 항공기를 사용하여 유상으로 여객이나 화물을 국내 · 외 항공노선을 따라 목적지 공항까지 운송하는 사업을 의미한다.

2) 항공운송 서비스

항공운송에서 이의 주된 속성은 서비스이고, 이를 위해 항공기라는 유형재를 이용하여 설정된 항공 노선을 운항하여 여객과 화물을 안전하게 목적지까지 운송해 주는 것이 항공운송 서비스(air transport services)이다. 항공운송 서비스는 항공기종, 항공기 정비, 좌석 및 화물칸을 포함하는 기내 공간, 운항스케줄, 좌석예약 및 항공권 발행, 공항에서의 탑승수속, 기내서비스, 수하물 인도서비스 등 유무형의 서비스가 복합적으로 구성되어 있다. 따라서 항공운송을 대표적인 서비스 산업으로 분류한다.

(1) 항공운송 산업의 특성

항공운송 산업은 항공기 및 이의 운항과 관련된 인적, 기술적 자원은 물론, 공항 등의 대규모적인 설비 투자와 운항 안전을 도모하기 위한 제도적인 장치와 국제성에 기인한 운항 요건과 같은 복합적인 특성을 지니고 있다. 이 산업의 특성을 다음과 같이 요약할 수 있다. 수송력과 정기성의 유지, 생산과 소비의 동시성, 구조적인 과잉공급, 국제운송의 전제로서의 항공협정, 자본과 노동 및 기술 집약적인 산업, 낮은 생산탄력성, 국제 및 정부의 규제 등과 같은 특성을 말할 수 있다.

(2) 항공운송 서비스의 특성

항공운송은 육상운송이나 해상운송 등에 비하여 다음과 같은 특성을 들 수 있다.

- 신속성 : 운송 소요시간이 상대적으로 짧다.
- 정시성 : 운항스케줄에 의한 운항시간과 회수 등을 설정하고 정시운항을 서비스 우선과제로 하고 있다.
- 안전성 : 운항 안전성이 중요하며 타 교통 수단에 비하여 안전성이 양호하다.
- 쾌적성 : 여타 교통수단에 비하여 상대적인 쾌적성이 평가되고 있다.
- 경제성 : 운임이 상대적으로 비싸지만 시간가치와 기회비용을 고려할 때는 경제성이 있다.
- 기타 : 공익성, 자본집약성, 수요의 계절성, 노선개설의 난이성 등을 언급할 수 있다.

2 항공여객 서비스 프로세스와 예약

1) 항공여객 서비스 프로세스

항공기로 원하는 목적지까지 여행하기 위해서는 항공기 좌석을 확보하는 예약에서부터 시작된다. 여객은 좌석을 예약하기 위해 항공사나 여행사의 콜센터 또는 웹 사이트를 통하여 필요한 정보를 확보하고 항공좌석을 예약(Reservation)하고 발권(Ticketing)할 수 있다. 이처럼 항공여객이 여행정보를 확보하고 예약과 발권, 공항체크인 및 항공기 탑승과 목적지에 도착하는 여객 서비스의 프로세스는 다음과 같다.

■ **항공여객 서비스 진행 흐름도**

<table>
<tr><td colspan="2"></td><td colspan="2">고객-항공사 상호작용
←→</td><td>항공사 내부 상호작용
←→</td></tr>
<tr><th colspan="2">항공여객 플로우
(Passenger Flow)</th><th colspan="2">항공사 여객서비스
현장기능(Front-Office)</th><th>항공사 내 지원기능
(Back-Office)</th></tr>
<tr><td rowspan="10">여객
서비스
플로우
↓</td><td>(1) 여행정보 확보</td><td>영업장, 콜센터,
웹-정보제공</td><td></td><td>IT-예약DB, FFP DB</td></tr>
<tr><td>(2) 좌석예약
-예약부서/인터넷</td><td>예약부서-가능석 조회,
운임점검 및 예약</td><td rowspan="2">인터넷기반
예약 및 발권</td><td>IT-예약DB, FFP DB;
기내식-요청</td></tr>
<tr><td>(3) 티케팅</td><td>발권부서
-운임 수수 및 발권</td><td>티케팅 DB;
재무관리-처리</td></tr>
<tr><td>(4) 공항체크인
(좌석/수하물)</td><td>체크인카운터-탑승권
및 수하물표 발급</td><td>세큐리티 체크인,
수하물안전검사</td><td>IT-체크인 DB;
수하물 분류 및 탑재</td></tr>
<tr><td>(5) 탑승 전 CIQ 수속</td><td colspan="2">세큐리티-여객 및 기내반입수하물 검사</td><td>기술기능-항공기점검, 주유, 기내청소, 기내식-탑재</td></tr>
<tr><td>(6) 탑승 및 기내 착석</td><td colspan="2">항공기 탑승, 객실승무원-인사, 좌석 안내 및 수하물저장조력</td><td>이륙서류작성 및 이륙 준비</td></tr>
<tr><td>(7) 기내서비스</td><td colspan="2">객실승무원-안전관련시범, 기내식음료, 기내오락물</td><td>비행 상황 모니터링</td></tr>
<tr><td>(8) 도착지 수하물 회수</td><td colspan="2" rowspan="2">도착지원기능
-특별조력필요고객, 환승객</td><td rowspan="2">수하물 하기 및 공항 수하물대 로딩</td></tr>
<tr><td>(9) 도착지 CIQ</td></tr>
<tr><td>(10) CRM서비스</td><td colspan="2">영업장, 콜센터, 웹-서비스 제공</td><td>IT-FFP DB, 여객 DB</td></tr>
</table>

2) 항공여객 예약서비스 업무의 기능

항공여객 서비스에 있어서 예약업무는 항공사나 여행사에 있어서 대단히 중요한 기능을 수행한다. 이는 항공사나 여행사에 있어서 고객의 초기 접촉으로 해당 업체를 이용할 수 있는 가능성이 크기 때문이며, 단위 조직의 고객으로 남느냐, 아니면 타 회사로 가느냐, 하는 중대한 시발점의 역할을 하는 업무이다. 그러므로 예약업무는 최일선 서비스 현장 업무로서 담당직원의 업무 지식과 전문성 및 대고객 서비스 역량이 크게 요구되는 분야이다.

항공여객예약 서비스 업무의 기능은 크게 세 가지로 구분할 수 있다.

❶ 고객서비스 기능

여행지 정보, 특수 고객 서비스 및 부대서비스, 항공편 관련 정보 등 다양한 정보 제공

❷ 항공기 좌석 판매 기능

항공 예약은 발권과 탑승으로 이어져 판매가 완결되는 초기 단계로서 판매기능을 수행

❸ 수입제고 기능

다양한 예약등급 운영과 적정 좌석관리 시스템에 의한 수입관리 기능을 수행함으로써 운항 시에 장착된 좌석 모두가 판매 및 탑승되도록 관리

3 항공여객 예약 시스템(CRS/GDS)

1) CRS(Computer Reservation System)의 개요

CRS는 전산 단말기를 통해 항공편의 예약, 발권, 운송은 물론 항공 운임 및 기타 여행에 관한 종합적인 서비스를 제공하는 System을 말한다. CRS는 여행사와 항공사의

중간에서 그 시스템으로 고객을 연결하는 정보 유통 수단으로서 항공예약은 물론, 호텔, 렌트카, 철도예약 등 다양한 기능을 수행하는 역할을 담당한다.

항공권 판매 중 대부분(80~90% 정도)이 여행사(항공사대리점)를 통해 이루어지나, 전 세계 모든 대리점에 항공사의 시스템을 제공하는 것은 대단히 어렵다. 또한, 여행사 입장에서도 항공사들 각각의 예약 시스템을 모두 연결한다는 것은 비현실적이다. 그러므로 항공사는 중립적인 위치에 있는 CRS에 가입하여, 항공사의 Schedule 및 Availability 등 정보를 CRS사에 제공하고, CRS사는 항공사 대리점에 Network 및 단말기를 설치해 주어, 항공사의 상품 정보와 판매 기능을 제공할 수 있게 된다. 항공사는 CRS 시스템이 연결된 전 세계 여행사를 통해 자사 항공편의 예약 등 항공 상품 판매의 대가로, CRS회사에게 Booking Fee를 지급하는 관계가 성립한다.

2) CRS의 태동

1962년 미국의 AA가 사내 예약업무 전산화를 위해 SABRE(Semi Automated Business Research Environment)를 선보인 것이 항공업계 CRS의 첫 출발이었다. 이후 SABRE의 성공에 자극받아 UA가 APOLLO를 개발하였고, SYSTEM-ONE, PARS, DATAS 등 주요 CRS들이 연이어 개발되면서 본격적인 CRS경쟁 체제가 형성되었다.

3) CRS 중립성(Neutrality)

1980년대 들어 이러한 CRS의 확산에 따른 부작용이 발생하게 되었다. CRS가 항공사의 마케팅 도구로 사용됨에 따라 항공사들은 자사의 항공편 위주로 구성된 스케줄을 여행사에 제공하였으며 따라서 이러한 CRS 시스템을 개발하지 못하는 항공사들은 자사의 스케줄 및 운임을 여행사에 전달할 수 있는 길이 차단되어 심각한 타격을 입게 되었다. 여행사 또한 여러 항공사의 예약을 위해서는 다양한 시스템을 중복하여 설치, 사용해야 하고 각각의 시스템에 맞는 사용법을 익혀야 하는 불편을 감수해야만 하였다.

이에 미국 정부는 이러한 CRS의 영업행위를 독점법 위반에 해당하는 것으로 보고

CRS 관련법규를 제정하여 항공사가 여행사에 보급되는 CRS를 특정 항공사에 유리하게 화면 구성을 할 수 없도록 하는 CRS중립성을 공표하였다.

이후 CRS가 소유 항공사로부터 독립하여 별도의 회사로 운영하게 되면서 항공사와 여행사를 중개해주는 중립적인 시스템으로 전환하게 되는데 이 시기부터 CRS 사업은 항공사와 분리되어 독자적으로 새로운 고부가가치 사업의 활로를 모색하게 되었다.

4) GDS(Global Distribute System)의 개요

미국의 CRS 업체들이 사업을 해외지역으로 확장함에 따라 항공사들은 자국 내 CRS들을 보호하기 위해 다자간 협력을 통해 지역연합 CRS를 구성하게 되는데 이를 GDS라고 한다.

유럽의 대표적 항공사인 Air France, Iberia항공, Lufthansa, SAS가 새로운 항공 예약시스템을 공동으로 개발하여 유럽 최초의 GDS인 AMADEUS를 창설하였다.

AMADEUS는 소프트웨어 개발센터를 프랑스에서, 데이터 프로세싱 센터는 독일에서, 마케팅 센터는 프랑스, 오스트리아, 핀란드에서 차례로 런칭하여 현재 200여 개 이상의 국가에 여행관련 기술 솔루션을 제공하는 세계 최대 IT기업으로 성장하여 세계시장을 선도하고 있다.

AMADEUS를 통해 전 세계 항공사의 스케줄을 95% 이상 조회할 수 있으며, 87,000개 이상의 호텔, 30여 개의 렌터카회사, 100여 개의 철도운항사가 가입되어 있다.

또다른 GDS로 GALILEO는 Alitalia, British Airways, Swiss Air가 연합하여 창설했으며, ABACUS는 동남아지역의 Singapore Airlines, Cathay Pacific, Malaysia Airlines가 연합하여 창설하였다.

5) 한국지역 대표 CRS와 TOPAS SellConnect

한국지역 CRS는 대한항공이 사내업무전산화를 위해 1975년 KALCOS를 개발하면서 시작되었으며 80년대 중반 한국항공시장 확대에 따라 보다 경쟁력을 갖춘 중립 CRS

인 TOPAS(Total Passenger Service System)라는 System이 구축, 보급되기 시작하였다. 이후 대한항공과 세계 최대의 IT기업인 아마데우스(Amadeus)가 공동출자하여 종합여행정보 시스템회사인 현재의 TOPAS를 설립하였다.

한국지역의 대표적인 CRS인 TOPAS 예약 System은 아마데우스 기반의 예약시스템으로 TOPAS SellConnect라는 명칭을 사용하며 이는 토파스 차세대 예약시스템의 명칭으로 여행사의 판매(Sell)를 증대시키고 항공사, 여행사 그리고 고객을 하나로 연결(Connect)하는 의미를 지니고 있다.

TOPAS SellConnect는 전 세계적으로 항공, 호텔, 렌터카 등 예약 및 발권서비스를 제공하는 아마데우스의 예약시스템인 Selling Platform을 기반으로 개발되었으며, 전 세계 약 40%의 여행사가 사용 중이고 700여 개 항공사, 11만여 개의 호텔, 렌터카 등 여행관련 모든 콘텐츠가 연결된 시스템이다.

제2장

여객기록(PNR) 작성 준비

1. TOPAS SellConnect 초기 화면
   1) 접속 URL
   2) 초기 화면
   3) 화면 부호
   4) 그래픽모드
2. Keyboard 사용법
   1) 기본 Key
   2) Entry와 함께 쓰이는 부호들
   3) 화면 이동(Scrolling)
3. 정보 찾기
4. 예약기록(PNR)의 개념
   1) 예약의 경로
   2) PNR이란?
   3) PNR의 구성 요소

제2장

예약기록(PNR) 작성 준비

1 TOPAS SellConnect 초기 화면

1) 접속 URL

http://www.cloudedu.co.kr

2) 초기 화면

등록된 ID와 PASSWORD를 입력하여 접속한다.

(1) 메인페이지

- 초기 메인페이지는 GUI(Graphic User Interface)모드로 접속된다.
- 상단의 "예약파일생성"을 클릭하면 그래픽 모드에서 항공예약, 호텔, 차량을 예약할 수 있는 화면으로 이동하며
- "새 Entry 페이지"를 클릭하면 예약기록 작성을 할 수 있는 Entry 모드 화면이 열린다.
- 왼쪽 메뉴는 PNR 조회 및 문서조회 기능을 할 수 있다. Entry 모드나 그래픽 모드 화면으로 접속하지 않고도 기본적인 내용조회가 가능하다.

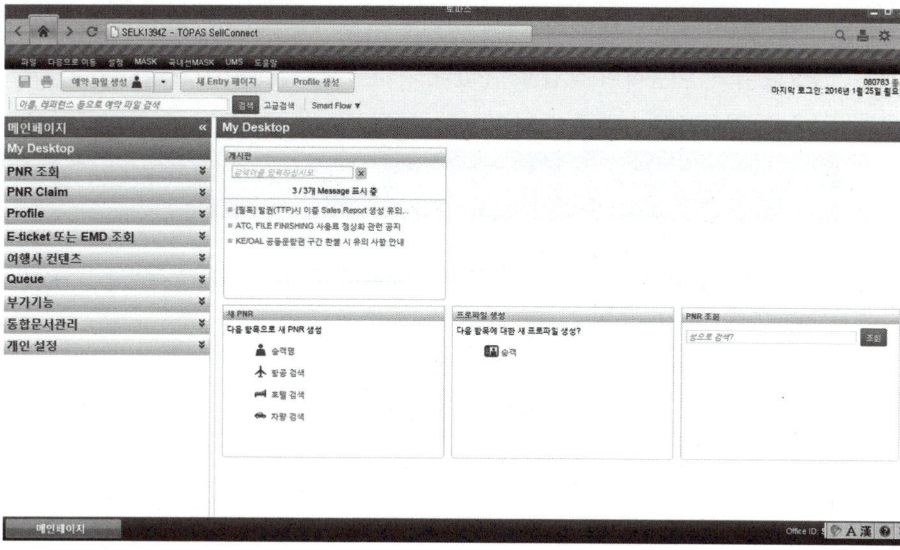

(2) Entry 모드 페이지

"새 Entry 페이지"를 클릭하면 아래와 같이 예약기록 작성을 할 수 있는 Entry 모드 화면, 즉 작업장이 열리고 이 Entry페이지는 최대 6개까지 열어놓고 동시에 작업을 할 수 있다.

작업 중 우측 '그래픽모드로 이동'의 비행기모형, 침대모형, 자동차모형을 각각 클릭하면 항공예약, 호텔예약 및 렌트카 예약을 그래픽모드에서 병행하여 진행할 수 있다.

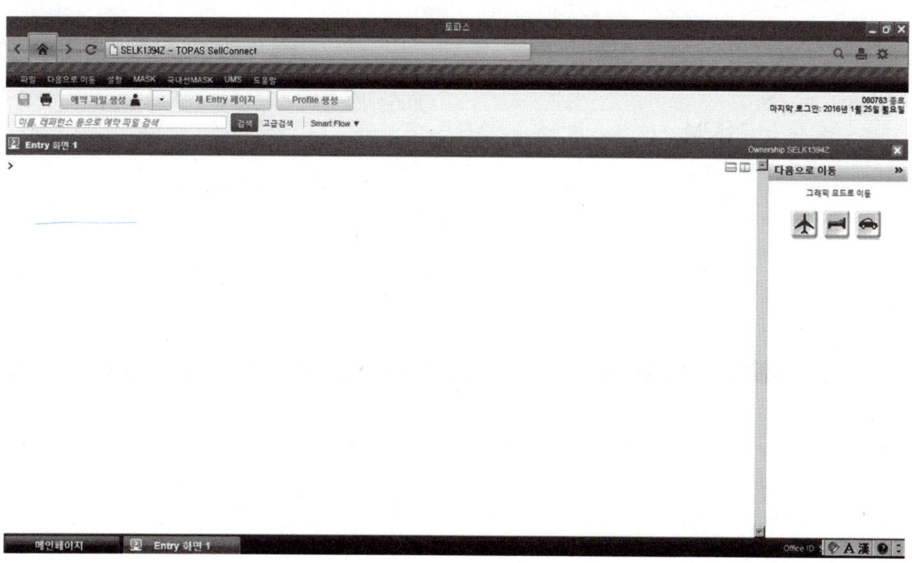

※ 아래 화면은 Entry페이지 2개를 열어놓은 상태로 하단의 Entry화면1, Entry화면2로 클릭, 이동하며 작업할 수 있다.

3) 화면 부호

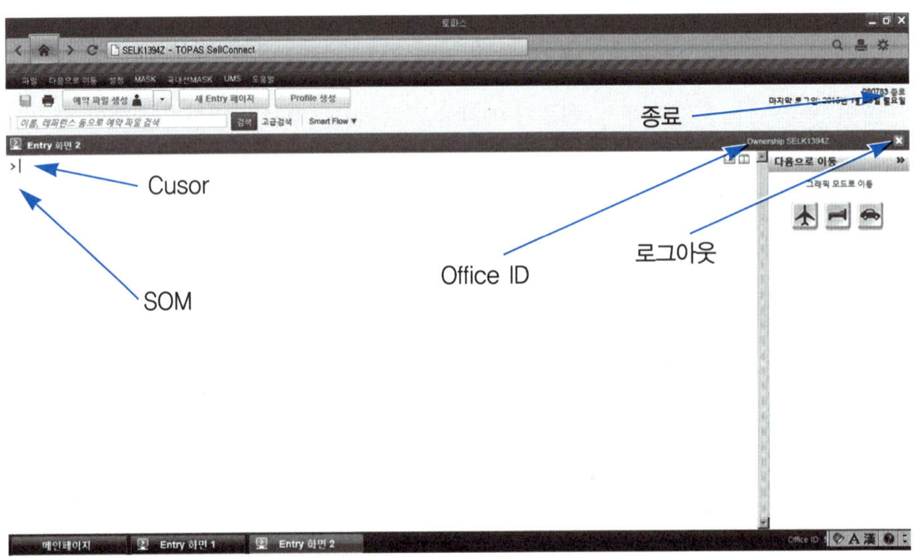

(1) 〉: SOM(Start of Message)

지시어(Entry)의 시작위치를 명시해주며, SOM이 화면에 없으면 지시어에 대한 응답을 얻을 수 없으므로 이때는 Esc Key를 눌러 SOM 부호를 생성시켜야 한다.

(2) I : CURSOR

지시어의 각 글자가 입력될 위치를 알려주며 한 자씩 입력할 때마다 뒤로 이동한다.

(3) X : 로그아웃

각 Entry화면에서 로그아웃할 때 사용한다. Entry 화면의 작업장이 상기 화면처럼 2개 열려있을 때는 작업장마다 X로 로그아웃해야 한다.

(4) 종료

SellConnect 프로그램을 종료하는 버튼이다. 종료를 클릭하면 아래와 같이 Sign Out할 것인지 확인하는 창이 뜨고, Sign Out을 클릭하면 모든 작업장이 동시에 로그아웃된다. 이때 작업 중이던 PNR은 자동저장되지 않으므로 반드시 확인하고 종료한다.

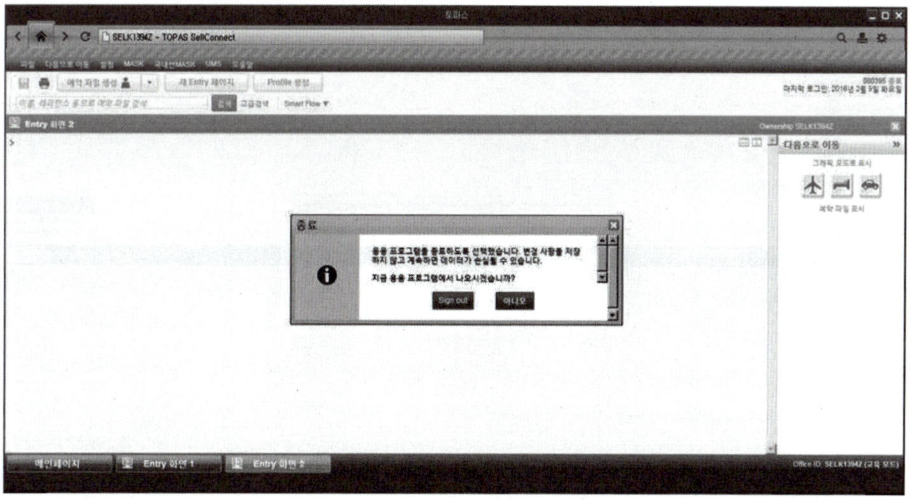

(5) Ownership SELK1394Z

TOPAS SellConnect가 적용되는 여행사 단위로 해당 여행사의 고유 코드를 뜻한다.

SEL : Office 위치

K1 : Corporait 코드(TOPAS)

3 : Corporait Qualifier 코드(Travel Agent)

94Z : Office 코드/유형 : 대리점을 구별할 수 있는 고유코드

4) 그래픽모드

Entry화면에서 우측 "그래픽 모드로 이동" 중 비행기 그림을 클릭하면 아래와 같이 그래픽 화면이 열리고 해당 칸에 내용을 입력하면서 예약을 진행할 수 있다.

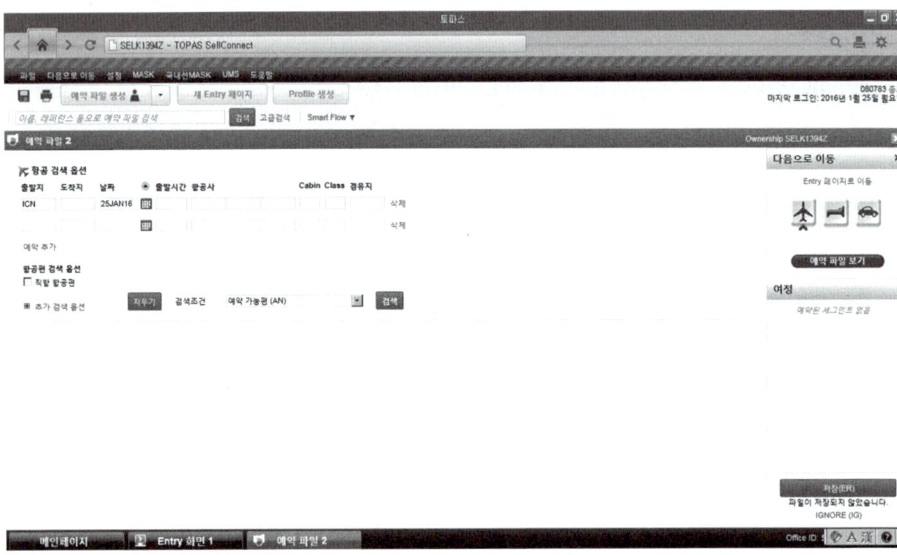

2 Keyboard 사용법

1) 기본 Key

<table>
<tr><td>Enter</td><td>지시어(Entry)를 Main Computer로 보내어 작업을 수행시키는 역할을 함</td></tr>
<tr><td>Alt + ↑</td><td>이전에 입력한 Entry 불러오는 기능</td></tr>
<tr><td rowspan="2">Alt + →</td><td>History 창 조회</td></tr>
<tr><td>

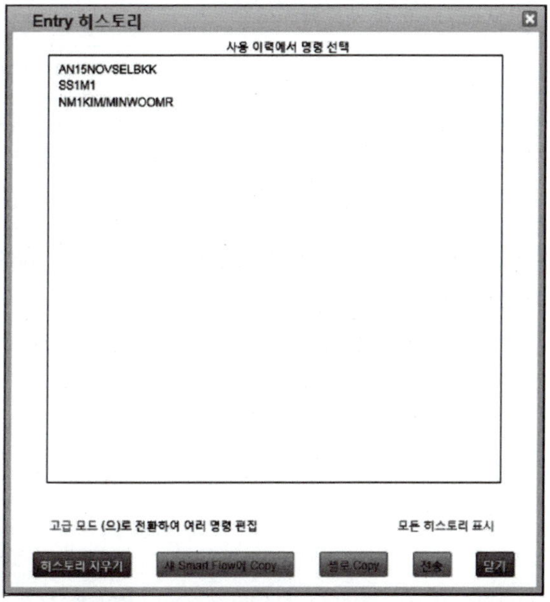

• 이전에 입력한 Entry 재조회 후 선택하여 다시 입력할 수 있는 기능.
• 사용하고자 하는 항목(라인)을 클릭한 후 '전송' 키를 누르면 Entry 화면에 클릭한 지시어가 적용되어 응답이 화면에 조회된다.
</td></tr>
</table>

2) Entry와 함께 쓰이는 부호들

부 호	명 칭	주 기 능
*	Asterisk	지시어상에 항목을 구분해 주는 기능
/	Slash	다른 내용의 Item 분류 기능, Insert
–	Hyphen	From~To 지시어

3) 화면 이동(Scrolling)

입력한 지시어에 대한 응답 화면의 내용이 현재 화면에 조회된 것보다 더 있는 경우 추가 내용이 있음을 응답화면에 표시되어 있어(예, PAGE 1/ 2) 화면이동 지시어를 통해 내용을 확인할 수 있다.

Entry	주 기 능
MD(Move down), M	다음 페이지 조회
MT(Move top)	첫 번째 페이지 조회
MB(Move bottom)	마지막 페이지 조회
MU(Move up)	이전 페이지 조회

```
13MAR16**13MAR16/YY  SELPAR/NSP;EH/TPM ...../MPM  8688
08 FIF        6756800              +  -    -    -    - -   - M
09 FIF                  10395000 +  -    -    -    - -   - M
10 CIF        4615000              +  -    -    -    - -   - M
11 CIF                   7100000 +  -    -    -    - -   - M
12 YIF        2267600              +  -    -    -    - -   - M
13 YIF                   3488500 +  -    -    -    - -   - M
14 YEEIF6M                3108000 +  -    -    -      -  5+   6M M
>                                          PAGE  1/ 2
```

3 정보 찾기

구분	Information Page : GG (Go Go)		Online Help Page : HE	
기본 지시어	GG xxxx		HE xxxx	
유용 지시어	GG AIS	Amadeus Information Index	HE NM	Entry로 Help Page 조회
	GG CODE x	x로 시작하는 Code 조회	HE NAME	수행업무 이름으로 Help Page 조회

4 예약기록(PNR)의 개념

1) 예약의 경로

항공여행을 하기 위해 항공사의 좌석을 예약하는 경로는 다양하다.

고객이 항공사에 전화를 걸어 항공사 직원을 통해 예약하는 방법 외에 여행대리점을 통한 예약 및 인터넷을 통한 온라인 예약, 휴대폰을 이용한 모바일 예약도 가능하며 이런 다양한 경로를 통해 고객은 편리한 방법으로 필요한 좌석을 예약할 수 있다.

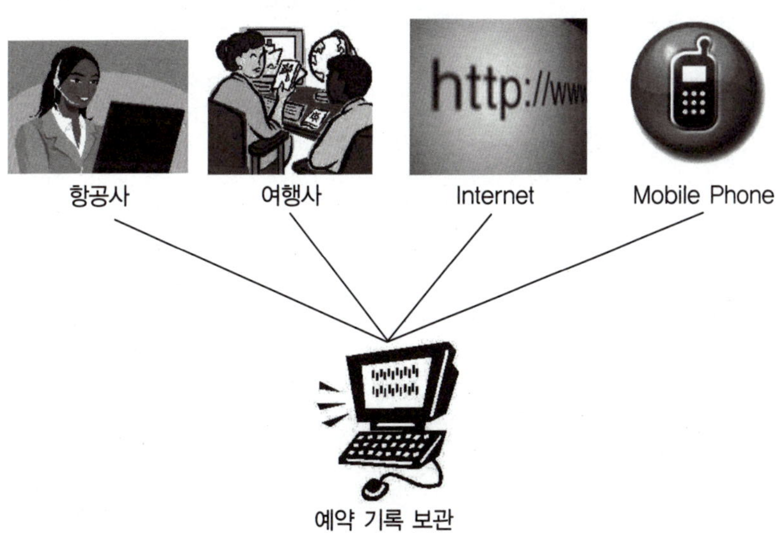

2) PNR이란?

■개념 : Passenger Name Record의 줄임말로 예약 기록을 정해진 영역에 따라 예약 전산 시스템에 기록해 놓은 것을 나타내는 용어이다.

■구성 : 성명, 여정, 전화번호, 고객정보 및 고객 요청사항 등으로 구성되며 각 항목을 Element라 명칭하고, 각각의 Element별로 정해진 형식에 따라 작성해야 한다. TOPAS SellConnect에서 PNR의 기본요소는 여정, 성명, 전화번호로 이 3가지 항목을 작성하여 기본 PNR을 완성한다.

■그 외 기타 요소로 특별음식, 선호좌석 등 고객의 요청사항을 예약기록에 반영하여 이 기록된 Data로 기내서비스 등 여객운송 서비스가 이루어진다.

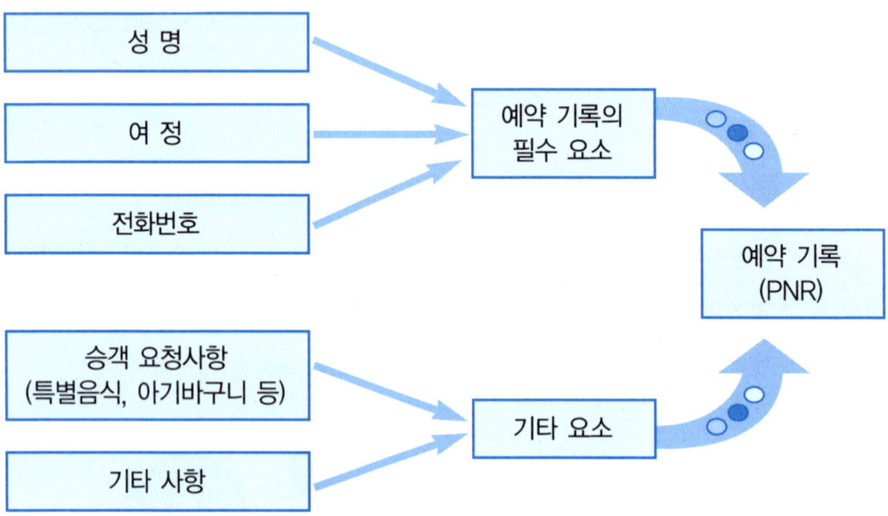

3) PNR의 구성 요소

항목	구 성	용 도	기본지시어	입력 Entry 예시
필수항목	Phone	전화 번호	AP (A, M, H, B, E)	AP 010-1231-4567-M AP 031-234-5678-B
	Itinerary	항공 / 비항공 여정	Short: AN Long: SS	Short Sell : AN15NOVSELBKK Long Sell : SSKE651Y15JULICNBKK1
	Name	승객의 성명 및 Title	NM	성인 : NM1HONG/GILDONGMR 소아 : NM1HONG/GILDONGMSTR (CHD/09NOV07) 유아 : NM1HONG/GILDONGMSTR (INF/DONGGIL/09DEC15)
선택항목	Ticket Arrangement	여행사 TKT 발권 시한	TK	TKTL04JUL TKXL04JUL TKOK
	Received from	예약 작성자, 변경 의뢰자	RF	RF PAX
	OS	항공사 전송 각종 INFO	OS	OS KE VIP CEO 1A
	SR	여정관련 서비스 요청사항	SR	SRVGML

```
1.HONG/GILDONGMR(INF/GIDONGMISS/14JAN18)
2.HONG/DONGGILMSTR(CHD/15NOV14)
3  KE 651 M 15MAR 2 ICNBKK HK2  1715 2105  15MAR  E  KE/24FESR
4  KE 660 M 19MAR 6 BKKICN HK2  0950 1710  19MAR  E  KE/24FESR
5 AP 02-123-1234  TOPAS TOUR -A
6 AP 02-123-3121 -B
7 AP TOPAS@NAVER.COM - E
8 AP 02-123-1235-H
9 AP 010-1111-1111-M/P1
10 TK OK09NOV/SELK1394Z
11 SSR INFT KE HK1 HONG/GIDONGMISS 14JAN18/S3/P1
12 SSR INFT KE HK1 HONG/GIDONGMISS 14JAN18/S4/P1
13 SSR CHLD KE HK1 15NOV14/P2
14 SSR VGML KE HK2/S3
15 SSR VGML KE HK2/S4
16 SSR NOCM KE HK2/S3/P1-2
17 SSR NOCM KE HK2/S4/P1-2
18 OSI KE ICEHOCKEY PLAYER/P1
```

Quick Guide

작업장	확인 및 이동 "Entry페이지 1", 2, 3...
화면	위, 아래 화면 이동 MD MU, 맨처음, 맨끝으로 이동 MT MB

실습문제

1. 항공 예약을 할 수 있는 경로를 모두 써 보시오.

2. 예약기록의 필수요소 3가지를 쓰시오.

3. 입력한 지시어에 대한 응답화면에서 다음화면으로 이동하는 지시어를 쓰시오.

제3장

항공편 스케줄 및 예약가능편 조회

1. Decode/Encode
   1) Decode
   2) Encode
2. 예약가능편(Availability) 조회
   1) 예약 가능편 조회 방법
   2) 예약 가능편(Availability) 선택사항(Option) Entry
   3) 간편 Entry
3. Schedule/Time Table 조회
   1) Schedule 조회
   2) Time Table 조회
   3) Time and Date 조회
   4) Multi Airport
4. 항공사 Access Level
   1) 항공사별 Access Level 조회
   2) 종류 및 특징

제3장

항공편 스케줄 및 예약가능편 조회

1 Decode/Encode

항공업무에 사용되는 많은 용어들은 IATA기준에 의해 전 세계 항공사가 업무의 정확성과 신속성을 위해 공통으로 사용하는 약어로 구성되어 있다.

항공 여정 예약 시 필요한 출, 도착지의 국가, 도시, 이용항공사, 기종 등도 모두 코드화되어 있으며 이 통일된 코드를 사용함으로써 모든 항공사는 정형화된 업무를 처리할 수 있다.

정해진 코드의 의미를 확인하는 작업을 Decode라고 하며, 국가, 도시 등 해당 명칭의 코드가 무엇인지를 확인해보는 작업을 Encode라고 한다.

TOPAS SellConnect의 경우 도시 확인 지시어 이외의 항공사, 주, 국가, 기종 등을 확인하고자 하는 경우 Decode/Encode 지시어를 동일하게 사용하고 있다.

구분	Decode(코드로 해당 명칭을 확인)	Encode(해당 명칭으로 코드 확인)
도시(City)	DAC NYC 도시코드로 도시명 확인 (DO A Code)	DAN NEW YORK 도시명으로 코드 확인(DO A Name)
주(State)	DNS US CA 미국의 주 코드로 주 명칭 확인(Don' t know State)	DNS GEORGIA 미국의 주 명칭으로 코드 확인(Don' t know State)
국가 (Country)	DC KR 국가 코드로 국가명 확인 (DO Country)	DC KOREA 국가명으로 국가 코드 확인(DO Country)
항공사 (Airline)	DNA KE, DNA180 항공사 코드 또는 항공사 Numeric 번호로 항공사명 확인(Don' t know Airline)	DNA Korean AIR 항공사명으로 항공사 코드 확인(Don' t know Airline)
기종 (Equipment)	DNE380 기종코드로 기종 확인 (Don' t know Equipment)	DNE BOEING 항공기 제작사명으로 기종 확인(Don' t know Equipment)

1) Decode

국가, 도시, 주, 항공사, 기종 등의 정해진 코드를 가지고 해당 명칭을 확인하는 작업

(1) City(도시) Code

도시코드로 해당 도시의 명칭을 확인할 때 사용한다.

DAC LAX	LAX의 도시 명칭 조회

```
DAC LAX
 A:APT B:BUS  C:CITY  P:PRT H:HELI  O:OFF-PT  R:RAIL  S:ASSOC TOWN
 CITY :
  LAX*C  LOS ANGELES                    /USCA:CALIFORNIA
  LATITUDE: 33° 56' 00"N              LONGITUDE: 118° 24' 00"W
  TIME DIFF: GMT -8H                    LOCAL TIME IS 0651 ON FRI04DEC15
  DAYLIGHT SAVING: 08MAR15 AT 1000 TO 01NOV15 AT 0900: -7H
                   13MAR16  AT 1000 TO 06NOV16 AT 0900: -7H
```

☞ LAX의 도시명은 Los Angeles이고, LAX는 'C' 로 도시코드임을 확인할 수 있다.

A : Airport   B : Bus   C : City   P : Port(항구)   H : Helicopter

O : Off-Point(예, QTW : 대전) IATA City Code는 QTW, 공항코드는 없음

R : Rail   S : Associated Town(인근지역)

US : 해당 도시의 국가(USA)

CA : 해당 도시의 주(California)

33.56N/118.24W : 해당 도시의 위도와 경도

LOCAL TIME : 해당 도시의 현지시각

TIME DIFF : 표준시간

DAYLIGHT SAVING : Summer Time 적용 여부

■실습(City Code Decode하기)

1	TYO	
2	OSA	
3	BJS	
4	SHA	
5	HKG	
6	MNL	
7	BKK	
8	SIN	
9	NYC	
10	HNL	
11	SFO	
12	YVR	
13	ANC	
14	LON	
15	ROM	

(2) State(주) Code

주(State)코드로 해당 명칭을 확인할 때 사용하며 해당 주가 속한 국가 코드를 함께 입력해야 한다.

DNS US CA	US(미국) CA주의 명칭을 조회

```
DNS US CA
US CA CALIFORNIA/UNITED STATES OF AMERICA
```

■실습(미국 주 Decode하기)

1	GA	
2	NY	
3	OH	
4	TX	
5	NE	

(3) Country(국가) Code

국가코드로 나라의 명칭을 확인할 때 사용한다.

DC KR	KR의 국가 명칭 조회

```
DC KR
 KR   KOREA REPUBLIC OF/ASIA        TC3
      KOREA (SOUTH)
 KRW  S. KOREAN WON                 LOCAL/INTL PUBLISHED
 KOR  REPUBLIC OF KOREA CITIZEN
```

■ 실습(국가 Code를 Decode하기)

1	JP	
2	CN	
3	FR	
4	IT	
5	GA	

(4) Airline(항공사) Code

항공사 코드로 해당 항공사의 명칭을 확인할 때 사용한다.

DNA OZ	OZ항공사의 명칭 조회

```
DNA OZ
 OZ/AAR 988 ASIANA AIRLINES
```

■ 실습(항공사 Code를 Decode하기)

1	CX	
2	AF	
3	AA	
4	DL	
5	QF	
6	SQ	
7	AC	
8	CA	
9	TG	
10	UA	

(5) Equipment(기종) Code

기종코드로 해당 기종의 명칭을 확인할 수 있다.

DNE 744	744기종 명칭 조회

```
DNE 744
744 W BOEING 747-400                    JET  362-569
```

■실습(기종 Code를 Decode하기)

1	380	
2	772	
3	AB6	

2) Encode

국가, 도시, 주, 항공사 등의 명칭을 약어로 코드화하는 기능으로, 이때 유의할 점은 확인하려는 도시, 항공사 등의 정확한 영문 명칭을 입력해야 정확한 코드를 확인할 수 있다.

(1) City(도시) 조회

❶ 도시명의 Full Spelling을 알고 있으나 코드를 모를 때 조회 방법

DAN TOKYO	TOKYO의 도시코드를 조회

```
DAN TOKYO
A:APT B:BUS C:CITY P:PRT H:HELI O:OFF-PT R:RAIL S:ASSOC TOWN
TYO C  TOKYO   /JP
```

☞ TOKYO의 도시코드가 TYO임을 확인할 수 있다.
(도시의 명칭이 같은 지역이 있을 수 있으므로 이땐 국가 코드를 확인해야 한다)

❷ 도시의 Spelling 일부만 알고 있을 때 조회 방법

해당 도시의 Spelling 일부와 그 뒤에 *로 연결 입력한다.

DAN CHI*	CHI로 시작하는 도시 코드 검색

```
DAN CHI*
A:APT B:BUS C:CITY P:PRT H:HELI O:OFF-PT R:RAIL S:ASSOC TOWN
CNX C  CHIANG MAI                                   /TH
    A  CNX - CHIANG MAI INTL              -  0K     /TH
CEI  C  CHIANG RAI                                  /TH
    A  CEI - MAE FAH LUANG INTL           -  0K     /TH
CHI*C  CHICAGO                                      /USIL
   A  CHI - CHICAGO FSS                   -  0K     /USIL
   A  NOH - CHICAGO NAS                   - 37K     /USIL
   A  RFD - CHICAGO ROCKFORD INTL         -121K     /USIL
   A  DPA - DUPAGE                        - 43K     /USIL
   A  PWK - EXECUTIVE                     - 40K     /USIL
   A  GYY - GARY CHICAGO INTL             -  0K     /USIN
   A  CGX - MERRILL C MEIGS               - 14K     /USIL
   A  MDW - MIDWAY INTERNATIONAL          -  0K     /USIL
   A  ORD - O HARE INTERNATIONAL          - 26K     /USIL
```

☞ CHI로 시작되는 도시코드 및 공항코드들이 검색됨
미국 CHICAGO의 도시코드를 조회하는 경우라면 CHI가 도시 코드임을 확인할 수 있고
시카고의 공항코드는 CHI, NOH, RFD, DPA... 등 다수의 공항들이 있음을 알 수 있다.

■실습(도시명을 Encode하기)

1	ZURICH	
2	HO CHI MINH	
3	FRANKFURT	
4	GUAM	
5	SYDNEY	
6	LONDON	
7	MUMBAI	
8	PARIS	
9	TORONTO	
10	AUCKLAND	

(2) State(주) Code

주 명칭으로 확인하고자 하는 국가의 주 코드를 조회한다.

DNS FLORIDA	FLORIDA주의 코드 조회

```
DNS FLORIDA
  US FL FLORIDA/UNITED STATES OF AMERICA
```

☞ FLORIDA는 미국 내에 있는 주이며, 코드는 FL임을 알 수 있다.

■ 실습(미국(US) 주명을 Encode하기)

1	WASHINGTON	
2	KANSAS	
3	TEXAS	
4	NEW YORK	
5	OREGON	

(3) Country(국가) Code

국가명의 Full Spelling으로 국가코드를 조회한다.

DC FRANCE	FRANCE의 국가코드 조회

```
DC FRANCE
FR  FRANCE/W EUROPE          TC2
  CORSICA
```

■ 실습(국가명을 Encode하기)

1	BRAZIL	
2	JAPAN	
3	INDIA	
4	INDONESIA	
5	DENMARK	

(4) Airline(항공사) Code

항공사명으로 해당 항공사 코드를 조회한다.

DNA DELTA AIRLINE	DELTA AIRLINE의 항공사 코드 조회

DNA DELTA AIRLINE
DL/DAL 006 DELTA AIR LINES

■ 실습(항공사명을 Encode하기)

1	SINGAPORE AIRLINES	
2	PHILIPPINE AIRLINES	
3	DELTA AIRLINES	
4	VIETNAM AIRLINES	
5	UNITED AIRLINE	

(5) Equipment(기종) Code

기종명칭으로 해당 기종의 코드를 조회할 수 있다.

DNE BOEING	BOEING사의 기종 코드를 조회

DNE BOEING
703 N BOEING 707-320/320B/320C/330B JET 150-160
707 N BOEING 707/720B JET 130-219
B72 N BOEING 720/720B (707-020/020B) JET 126-140
721 N BOEING 727-100 JET 92-119
72M N BOEING 727-100 MIXED CONFIGURATION JET 78-129
727 N BOEING 727-100/200/200 ADVANCED JET 92-189
722 N BOEING 727-200 JET 145-167

IATA란?

International Air Transport Association의 약어로 국제 민간 항공운송 협회를 말한다. 2차 대전 이후 항공운송의 비약적인 발전에 따라 국가 간 이해관계 조정 및 항공운송에 예상되는 각종 절차의 표준화를 목적으로 설립한 순수 민간의 국제 협력 기구로 회원은 세계 각국의 항공사이다.

IATA는 운임의 결정, 운송규칙의 제정 등이 주된 역할이며 공공기구로서의 성격을 지닌다. IATA운송회의에서 결정되는 운임 및 서비스의 조건, 운송절차, 대리점에 관한 규정 등 전 세계 IATA 항공사와 대리점에 대하여 구속력을 가지고 있으며 각국 정부는 이를 인정하고 있다.

현재 우리나라를 비롯한 각 지역 국가에서 시행되는 IATA의 주요기능은 IATA 대리점 인가 및 관리, IATA 항공사의 국제선 항공권 판매대금 정산을 위한 BSP(Billing and Settlement Plan) 프로그램운영 및 국제선 항공화물 운임 정산을 위한 CASS(Cargo Account Settlement System) 등의 업무를 수행하고 있다.

ICAO란?

International Civil Aviation Organization의 약어로 국제 민간 항공기구를 말한다.

캐나다 몬트리올에 본부를 두고 있으며 UN 산하기구의 하나로 회원은 각 국가이며 모든 회원국은 3년마다 개최되는 ICAO 총회에 참석할 수 있다. 이 기구는 국제민간항공의 안전과 발전 및 기술을 개발하는 데 그 목적이 있다.

■ 지역별 주요 도시코드

1) 한국지역

도 시 명	도시 코드	도 시 명	도시 코드	도 시 명	도시 코드
CHEONGJU	CJJ	BUSAN	PUS	GUNSAN	KUV
JEJU	CJU	SEOUL	SEL	YEOSU	RSU
JINJU	HIN	DAEGU	TAE	GWANGJU	KWJ
POHANG	KPO	ULSAN	USN	YANGYANG	YNY

2) 일본지역

도 시 명	도시 코드	도 시 명	도시 코드	도 시 명	도시 코드
AKITA	AXT	NAGASAKI	NGS	NIGATA	KIJ
AOMORI	AOJ	NAGOYA	NGO	MIYAZAKI	KMI
FUKUI	FKJ	OITA	OIT	TOYAMA	TOY
FUKUOKA	FUK	OKAYAMA	OKJ	KUMAMOTO	KMJ
FUKUSHIMA	FKS	OKINAWA	OKA	TOKYO	TYO
KAGOSHIMA	KOJ	OSAKA	OSA	KOMATSU	KMQ
HIROSIMA	HIJ	SAPPORO	SPK	TAKAMATSU	TAK
KOCHI	KCZ	SENDAI	SDJ	TOTTORI	TTJ

3) 아시아 지역

도 시 명	도시 코드	도 시 명	도시 코드	도 시 명	도시 코드
BANGKOK	BKK	PHUKET	HKT	MANILA	MNL
DENPARSAR	DPS	PENANG	PEN	KUALA LUMPER	KUL
HONG KONG	HKG	SINGAPORE	SIN	MUMBAI	BOM
HANOI	HAN	TAIPEI	TPE	JAKARTA	JKT
HO CHI MINH	SGN	KOTA KINABALU	BKI	CHIANG MAI	CNX

4) 대양주 지역

도 시 명	도시 코드	도 시 명	도시 코드	도 시 명	도시 코드
AUCKLAND	AKL	GUAM	GUM	CAIRNS	CNS
BRISBANE	BNE	SYDNEY	SYD	SAIPAN	SPN
CHRISTCHURCH	CHC	MELBOURNE	MEL		

5) 중국지역

도 시 명	도시 코드	도 시 명	도시 코드	도 시 명	도시 코드
BEIJING(北京)	BJS	QINGDAO(青島)	TAO	NANJING(南京)	NKG
GUANGZHOU(廣州)	CAN	SANYA(三亞)	SYX	YANTAI(煙臺)	YNT
CHANGCHUN(長春)	CGQ	SHANGHAI(上海)	SHA	KUNMING(昆明)	KMG
CHENGDU(成都)	CTU	SHENYANG(瀋陽)	SHE	YANJI(延吉)	YNJ
DALIAN(大連	DLC	TIANJIN(天津)	TSN	XIAMEN(厦?)	XMN
GUILIN(桂林)	KWL	WUHAN(武漢)	WUH	JINAN(濟南)	TNA
HARBIN(하얼빈)	HRB	XIAN(西安)	SIA		

6) 미주 캐나다 지역

도 시 명	도시 코드	도 시 명	도시 코드	도 시 명	도시 코드
ANCHORAGE	ANC	MEXICO CITY	MEX	LOS ANGELES	LAX
ATLANTA	ATL	MIAMI	MIA	WASHINGTON	WAS
BOSTON	BOS	MONTREAL	YUL	LAS VEGAS	LAS
CALGARY	YYC	NEW YORK	NYC	VANCOUVER	YVR
CHICAGO	CHI	PHILADELPIA	PHL	HONOLULU	HNL
DALLAS	DFW	SAN FRANCISCO	SFO	TORONTO	YYZ
DENVER	DEN	SEATTLE	SEA		

7) 구주 중동지역

도 시 명	도시 코드	도 시 명	도시 코드	도 시 명	도시 코드
PARIS	PAR	LONDON	LON	ZURICH	ZRH
ROMA	ROM	FRANKFURT	FRA	VIENNA	VIE
MILAN	MIL	ISTANBUL	IST	AMSTERDAM	AMS
MOSCOW	MOW	SAINT PETERSBURG	LED	VLADIVOSTOK	VVO
PRAGUE	PRG	BARCELONA	BCN	MADRID	MAD
BERLIN	BER	JEDDAH	JED	DUBAI	DXB
CAIRO	CAI	TEHRAN	THR	ABU DHABI	AUH
COPENHAGEN	CPH	OSLO	OSL	HELSINKI	HEL
ATHENS	ATH	DUBLIN	DUB	NAIROBI	NBO

2 예약가능편(Availability) 조회(HE AN)

승객의 여정 예약 시 먼저 출/도착지의 도시 코드를 확인하고 출발일자를 입력하여 승객이 원하는 항공편에 예약 가능한 좌석이 남아 있는지 확인한다.

■월 코드

1월	2월	3월	4월	5월	6월	7월	8월	9월	10월	11월	12월
JAN	FEB	MAR	APR	MAY	JUN	JUL	AUG	SEP	OCT	NOV	DEC

■요일 코드

월	Monday	MO	1
화	Tuesday	TU	2
수	Wednesday	WE	3

목	Thursday	TH	4
금	Friday	FR	5
토	Saturday	SA	6
일	Sunday	SU	7
		Except	x

1) 예약 가능편 조회 방법

- 예약가능편 조회 시 Display 순서
  - Non Stop : 출, 도착 도시에서 Stop Point가 없다.
  - Direct : 출, 도착 동일 비행편명 및 기종으로 운항되며 1번 이상 도중지점에 Stop
  - Connecting Flight : 출, 도착 비행편명 및 기종이 변경 운항되며 1번 이상 도중지점에 Stop
  - Change of Equipment : 출 · 도착 비행편명은 동일하나, 기종이 변경 운항되며 1번 이상 도중지점에 Stop
- Available 한 좌석 및 대기자 좌석의 조회가 가능하며
- 첫 화면에 조회된 이후의 시간대는 MD(Move Down)로 추가 확인할 수 있다.

(1) 편도 스케줄 예약가능편 조회

AN19MAR SELHKG

AN : 기본지시어(Availability Neutral)

19MAR : 출발일

SEL : 출발지

HKG : 목적지

```
AN19MARSELHKG
** AMADEUS AVAILABILITY - AN ** HKG HONG KONG.HK      ①54 ②SA  19MAR 0000
③1 ④UO 615  ⑤Y4 B4 H4 K4 L4 M4 N4  ⑥ICN  HKG  2  0410   0705  E0/320    3:55
               S4 X4 Q4 T4
2  KE 603  P8 A2 J9 C9 D9 I9 Z7  /ICN   HKG ⑦1 ⑧ 0825  1120 ⑨E  ⑩0 /772   3:55
           Y9 B9 M9 S9 H9 E9 K9 L9 U9 Q9 N9 T9 GR
3  CX 415  J9 C9 D9 I9 Y9 B9 H9 /ICN   HKG 1    0850    1145  E0 ⑪ / ⑫ 333   3:55
           K9 M9 L9 V9 S9 N9 Q9 O9
4  OZ 721  C9 D9 Z9 U9 Y9 B9 M9 /ICN   HKG 1  0900    1150  E0/74E        ⑬ 3:50
           H9 E9 Q9 K9 S9 V9 L9 W9 TR GR
5  ZE 931  O9 W9 K9 Q9 V9 M9 Y9  ICN   HKG 2  0920    1210  E0.738        3:50
6  LJ 113  W9 Y9 D9 E9 H9 K9 N9 /ICN   HKG 2   0935    1220  E0/738       3:45
          L9 S9 Q9 V8 B9 M9 X8 O5 U9 TL GL
7  7C2101  Y9 VR GR                 ICN   HKG 2  0955    1255  E0.737       4:00
```

① 54	AN 화면을 조회한 날로부터 출발일까지 남은 일자
② SA 19MAR 0000	지정 조회일의 요일과 기준시간(12시)
③ 1	예약가능한 비행편의 line 번호
④ UO 615	항공사 코드 및 비행편명(Flight Number)
⑤ Y4 B4 H4 K4 L4 ...	Class별 예약 가능 좌석 수(Available Seats) • 9 : 9 또는 그 이상의 좌석 수 존재 • 1-8 : 실제 남은 좌석 수 • L, 0 : 대기, Waiting • R : Request하라는 의미, 좌석은 있을 수도 있고 없을 수도 있음. 항공사에서 Control • C, S : Close
⑥ ICN HKG	출발지, 목적지
⑦ 1	도착지 공항의 터미널 번호
⑧ 0825 1120	출 · 도착시간(해당도시의 현지 시각) ※ 도착시간 옆에 +1은 다음날 도착, +2는 2일 후 도착
⑨ E	E-Ticket 발권 가능 항공편
⑩ 0	경유지 횟수(0은 경유지 없음, 1은 1곳 경유)

⑪ /	Access Indicator
⑫ 333	기종 코드
⑬ 3:50	비행시간

■ **실습(예약가능편 조회 및 안내)**

```
AN1MAYSELMNL
** AMADEUS AVAILABILITY - AN ** MNL MANILA.PH        97 TU 01MAY 0000
1  KE 621  P6 A2 J9 C9 D9 I9 Z7 /ICN  MNL 1  0800    1050  E0/773   3:50
           Y9 B9 M9 S9 H9 E9 K9 L9 U9 Q9 N9 T9 GR
2  PR 467  W7 N7 Y7 S7 L7 M7 H0 /ICN  MNL 2  0810    1110  E0/330   4:00
```

1) 1번 스케줄 안내

KE621편은 5월 1일 오전 8시 인천공항을 출발하여 마닐라 1터미널에 오전 10시 50분에 도착하며 경유지는 없고 운항기종은 보잉777-300이며 총 비행시간은 3시간 50분이 소요됨

2) 2번 스케줄 안내

(　　)편은 5월 1일 (　　) 인천공항을 출발하여 (　　) 마닐라(　　)에 도착하며, 경유지는 없으며 운항기종은 (　　)이고 총 비행시간은 (　　)이 소요됨

(2) 왕복스케줄(Dual City Pair) 조회

구간별 출발일을 지정하여 왕복스케줄을 하나의 Entry로 동시에 조회한다.

① 왕복 같은 구간일 때 돌아오는 여정은 날짜만 지정하고 구간은 생략한다.

AN 15MAR SELBKK*25MAR	25MAR : 돌아오는 날짜

② 왕복구간이 다른 경우는 돌아오는 여정의 출발지를 입력한다.

AN 15MAR SELBKK*25MAR HKG	25MAR HKG : 돌아오는 날짜와 출발지

```
AN15MARSELBKK*25MAR
** AMADEUS AVAILABILITY - AN ** BKK BANGKOK.TH        101 TU 15MAR 0000
1  KE 657  PL AL JL CL DL IL ZL /ICN  BKK 0900 1300  E0/744  6:00
           Y1 B1 M1 S1 H1 E1 K1 L1 U1 Q1 N1 T1 GR
2  TG 659  CL DL JL ZL IL RL YL /ICN  BKK  0935 1330  E0/773  5:55
           BL ML HL QL GR TL KL SL XL VL WL NL
3  TG:OZ6761  C9 Y9 B9 M9 H9 /ICN   BKK   0935 1330  E0/773    5:55
** AMADEUS AVAILABILITY - AN ** SEL SEOUL.KR  300 FR 25MAR0000
11 7C2204  Y9 B9 K9 N9 Q9 M9 T9  BKK  ICN  0055 0835  E0.737  5:40
           W9 O9 R9 X9 S9 L9 H9 E9 J9 F9 V9 G9 Z9 D9 C9 A9 I9 P9 U9
12  LJ 002 W9 Y9 D9 E9 H9 K9 N9 /BKK  ICN 0100  0800  E0/738  5:00
           L9 S9 Q9 V9 B9 M9 P9 X9 A9 I9 O9 U9 T9 GR
13  TW 102 Y4 W4 V4 P4 O4 M4 L4 BKK  ICN  0125 0835  E0.737  5:10
           K4 H4 B4 D4 A4 U4 X4 R4 T4 G4 Q4
```

(3) 연결편(Connection Flight) 예약가능편 조회

출발지에서 도착지까지 직접 운항하는 직항편이 없는 도시의 예약가능편 조회 시는 System에서 적절한 경유지를 지정하여 연결편 스케줄을 보여준다.

```
AN 5MAY SELMEX
```

```
AN5MAYSELMEX
** AMADEUS AVAILABILITY - AN ** MEX MEXICO CITY.MX         100 TH 05MAY 0000
1① UA:OZ6614  F2 A2 C2 D2 Y4 B4 M4 /ICN   SFO I  1635    1105  E0/744
           H4 E4 Q4 K4 S4 V4
   UA 821  C7 D6 Z5 P4 Y9 B9 M9     /SFO 3 MEX 1  1250    1925  E0/319     16:50
           E9 U9 H9 Q9 V9 W9 S9 T9 L9 K9 G9 N6
2  UA 892  F9 A9 J9 C8 D8 Z8 P8     /ICN    SFO I  1635    1105  E0/744
           Y9 B9 M9 E9 U9 H9 Q9 V9 W9 S9 T9 L9 K9 G0 N0
   UA 821  C8 D8 Z8 P8 Y9 B9 M9    /SFO 3 MEX 1  1250    1925  E0/319      16:50
           E9 U9 H9 Q9 V9 W9 S9 T9 L9 K9 G0 N0
```

① <u>UA:OZ6614</u> : Code Share Flight 표시(UA-Operating Carrier, OZ-Marketing Carrier)

※ 연결편 스케줄이므로 UA:OZ6614편과 UA 821편의 스케줄을 함께 보아야 한다. 즉 해당일에 SEL에서 MEX까지 운항하는 직항편은 없고, SFO(San francisco)에서 항공기를 갈아타고 가는 스케줄로 조회되며 ICN에서 MEX까지 총 소요시간은 16시간50분이 소요됨을 확인할 수 있다.

Code Share Flight

운항편명 공동사용이라고 하며 다른 항공사가 운항하는 항공편(Operating Carrier)에 자신의 브랜드로 서비스를 판매(Marketing Carrier)하는 형태이다

항공여행은 단일노선에서 여행이 종료되지 않고 이원도시를 연결하는 형태가 많으므로 항공사는 승객의 연결편 이용의 편의성을 제공하기 위해 다른 항공사와 협력함으로써 보다 많은 연결편을 확보하기 위한 마케팅 기법이라고 할 수 있다.

① Commercial Duplication : Operating과 Marketing Carrier 모두 판매하는 형태
UA : OZ처럼 중간에 ':' 로 표시된다.

② Shared Airline Designation : Marketing Carrier에서만 판매하는 형태
VO*OS처럼 중간에 '*' 로 표시된다.

③ 해당 Flight를 소유하고 있는 Operatig Carrier가 일반승객에게 좌석을 판매하지 않아 항공사 코드가 없는 형태로 Marketing Carrier에서만 판매된다.
'*DL' 처럼 앞의 항공사가 빈칸으로 되어 있다.

■실습(공동운항편 안내)

```
AN1JUNSELSHA
** AMADEUS AVAILABILITY - AN ** SHA SHANGHAI.CN    128 FR 01JUN 0000
1 KE:CZ4510 J9 Y9 B9 M9 H9 K9 U9 /ICN  PVG 1  0835  0940  E0.77W   2:05
2 MU:FM5052 JA CA DA QA I6 OR YA /ICN  PVG 1  0855  0945  E0.333   1:50
```

1) 1번 스케줄 안내

CZ4510편은 대한항공과 공동운항하는 편으로 실제운항사는 대한항공이며 인천에서 08시 35분에 출발하여 상해 푸동공항 1터미널에 오전 9시 40분에 도착하며, 경유지는 없고 운항기종은 보잉777-300ER이며 비행시간은 2시간 5분이 소요됨

2) 2번 스케줄 안내

( )편은 ( )항공과 공동운항하는 편으로 실제 운항사는 ( )이며 인천에서 ( )에 출발하여 상해 푸동공항 1터미널에 ( )에 도착하며, 경유지는 없고 운항기종은 ( )이며 총 비행시간은 ( )이 소요됨

(4) 항공사 선호 지정 조회(Carrier Preferred Display)

- 일부 항공사의 경우 Carrier-Preferred Display 기능 지원
- 지원 가능 여부 확인 : GGPCAyy(yy : 항공사 코드)

GGPCAEK	GG : Go Go
	PCA : Participating Carrier Access
	EK : Emirates 항공사

```
GGPCAEK

PARTICIPATING CARRIER ACCESS AND FUNCTION LEVEL
EK - EMIRATES
                                  ALTEA RESERVATION :
   ACCESS INDICATOR : /           RECORD LOCATOR RETURN : ALL
LAST SEAT AVAIL INDIC : /         CARRIER PREFERRED DISP  : ALL
                                    → 항공사 선호조회 지원 가능
  STANDARD ACCESS :               BOOKING RANGE IN DAYS  : 339
AMADEUS ACCESS SELL : YES     INTERACTIVE SEAT MAP : YES
DYNAMIC SCHEDULE UPD : YES        INTERACTIVE ASR : YES
NUMERIC AVAIL UPDATE :             ASR DAYS/HOURS : 339/48
AMADEUS DYNAMIC AVAIL : YES   BP ISSUE DAYS/HOURS : 000/00
      DIRECT ACCESS : AVL FLI PNR MIS
```

❶ 지정항공사 의도대로 좌석 Display

지정한 선호 항공사가 Availability 관련 지정 항공사 의도대로 자체 Display한 상황에 맞추어 좌석을 Control하여 보여주는 기능이다.

AN OZ 15NOV SELOSA	OZ항공사로 지정 조회

```
ANOZ15NOVSELOSA
** ASIANA AIRLINES - AN ** OSA OSAKA.JP              346 TU 15NOV 0000
1 OZ 112 C9 D9 Z9 U9 Y9 B9 M9 /ICN KIX 1  0805 0940 E0/77L  1:35
         H9 E9 Q9 K9 S9 V9 L9 W9 TR GR
2 OZ1125 C9 D9 Z8 U8 Y9 B9 M9 /GMP I KIX 1 0830 1010 E0/321
         H9 E9 Q9 K9 S9 V9 L9 W9 TR GR                      1:40
3 OZ 114 C9 D9 Z9 U9 Y9 B9 M9 /ICN KIX 1 1410 1550 E0/333
         H9 E9 Q9 K9 S9 V9 L9 W9 TR GR                      1:40
4 OZ1165 C9 D9 Z9 U9 Y9 B9 M9 /GMP I KIX 1 1750 1930 E0/321  1:40
```

❷ 선호항공사 기본 조회(Availability Neutral)

AN1MARSELHKG/AKE	선호항공사를 KE로 지정

```
AN1MARSELHKG/AKE
** AMADEUS AVAILABILITY - AN ** HKG HONG KONG.HK      35 TU 01MAR 0000
1  KE 603  R8 A2 J9 C9 D9 I9 Z8 /ICN   HKG 1  0825   1120  E0/772      3:55
           Y9 B9 M9 S9 H9 E9 K9 L9 U9 Q9 GR
2  KE 613  P9 A4 J9 C9 D9 I9 Z7 /ICN   HKG 1  1100   1405  E0/744      4:05
           Y9 B9 M9 S9 H9 E9 K9 L9 U9 Q9 N9 T9 GR
3  KE 601  R8 A2 J9 C9 D9 I9 Z8 /ICN   HKG 1  1345   1650  E0/772      4:05
           Y9 B9 M9 S9 H9 E9 K9 L9 U9 Q9 N9 T9 GR
4  KE 607  R6 A4 J9 C9 D9 I9 Z9 /ICN   HKG 1  2000   2255  E0/74H      3:55
           Y9 B9 M9 S9 H9 E9 K9 L9 U9 Q9 N9 T9 GR
```

■실습(선호항공사 지정 조회 후 예약가능편 안내)

```
AN2MAYLAXSEL/AKE
** AMADEUS AVAILABILITY - AN ** SEL SEOUL.KR      98 WE 02MAY 0000
1  KE 018  R9 A4 J9 C9 D9 I9 Z9 /LAX B ICN   1240   1750+1E0/388     13:10
           Y9 B9 M9 S9 H9 E9 K9 L9 U9 Q9 N9 T9 GR
2  KE 012  R9 A4 J9 C9 D9 I9 Z9 /LAX B ICN   2350   0500+2E0/74H     13:10
           Y9 B9 M9 S9 H9 E9 K9 L9 U9 Q9 N9 T9 GR
```

1) 1번 스케줄 안내

KE018편은 5월 2일 오후 12시 40분 L.A공항 B터미널에서 출발하여 인천공항에 다음날인 5월 3일 오후 5시 50분에 도착하며 경유지는 없고 운항기종은 에어버스 A380-800이며 총 비행시간은 13시간 10분이 소요됨

2) 2번 스케줄 안내

(　　　)편은 5월 2일 (　　　)에 L.A공항(　　　)을 출발하여 인천공항에 (　　　　) 도착하며, 경유지는 없으며 운항기종은 (　　　　)이고 총 비행시간은 (　　　　)이 소요됨

(5) 특정 항공편의 운항 정보 확인

특정항공편의 출, 도착 시간 및 총 비행시간, 경유지에서의 대기시간 등 운항정보의 세부사항을 확인할 수 있는 기능으로 주로 운항스케줄에 경유지가 포함되어 있는 경우 조회한다.

AN1MAR SELZRH	예약 가능편 조회
↓	
DO1 or DO KE933/1MAR	DO1 : 1번 스케줄 세부 조회 DO KE933 : KE933편의 세부스케줄 조회

```
AN1MARSELZRH
** AMADEUS AVAILABILITY - AN ** ZRH ZURICH.CH          35 TU 01MAR 0000
1  KE 933  R8 A2 J9 C9 D9 I9 Z6 /ICN  ZRH   1315   1935  E1/77W     14:20
           Y9 B9 M9 S9 H9 E9 K9 L9 U9 Q9 N9 T9 GR
2  OZ 541  F9 A9 C9 D9 Z9 U9 Y9 /ICN  FRA 1 1250  1635  E0/744
           B9 M9 H9 E9 Q9 K9 S9 V9 L9 W9 TR GR
```

→ 경유지가 한 곳 있음

DO1 → 경유지를 포함한 세부 운항정보를 확인

```
* 1A PLANNED FLIGHT INFO *          KE 933   36 TU 01MAR
①APT ②ARR DY ③DEP DY ④CLASS/MEAL  ⑤ EQP ⑥GRND ⑦ EFT  ⑧TTL
 ICN            1315 TU  RAJCDIZYBMS/DL  77W             11:35
                         HEKLUQNTG/DL
VIE  1650  TU  1810  TU RAJCDIZYBMS/M               1:20  1:25
                        HEKLUQNTG/M
ZRH  1935  TU                                     14:20
```

→ KE933편은 VIE를 경유하여 ZRH까지 운항하며 VIE에서 1시간 20분 동안 지상조업을 하고 ICN에서 VIE까지는 11시간 35분, VIE에서 ZRH까지는 1시간 25분이 소요되며 ICN에서 ZRH까지는 지상조업시간 포함 총 14시간 20분이 소요된다.

```
COMMENTS-
1.ICN VIE   - COCKPIT CREW KOREAN AIR
2.VIE ZRH   - COCKPIT CREW KOREAN AIR
3.ICN VIE   - CABIN CREW KOREAN AIR
4.VIE ZRH   - CABIN CREW KOREAN AIR
5.ENTIRE FLT-  ET/ ELECTRONIC TKT CANDIDATE
6.ENTIRE FLT- F8C56Y227
CONFIGURATION-  77W  F  8  C  56  Y 227
```

① APT	출발공항
② ARR DY	도착 시간 및 요일
③ DEP DY	출발 시간 및 요일
④ CLASS/MEAL	서비스등급 및 기내식 코드
⑤ EQP	기종

⑥ GRND	급유, 수하물 등 지상조업시간(Ground Time)
⑦ EFT	비행시간(Flying Time)
⑧ TTL	총 소요시간(Total Time)

2) 예약 가능편(Availability) 선택사항(Option) Entry

특정 항공사 지정뿐 아니라 출발시간, 경유지 지정 등 다양한 Option사항을 입력하여 원하는 정보를 간단하게 조회할 수 있다.

Entry	기 능
AN30SEPSELLON/ABA,KE	항공사 지정 조회(최대 6개항공사까지 지정 가능)
AN30SEPSELBKK/A-KE	KE(특정항공사) 제외하고 조회
AN30SEPSELBKK/A+KE	Code Share Flight 제외한 KE 운항편만 조회
AN*S30SEPSELBKK	Skyteam Alliance 조회
AN*O30SEPSELBKK	One world Alliance 조회
AN*A30SEPSELBKK	Star Alliance 조회
AN30SEPSELBKK/AKE*15OCT	왕복여정 동시조회
AN25OCTSELTYO0900	AVBLTY 기준시 지정
AE25OCTMADNYC	비행시간별 AVBLTY 조회
AN20NOVICN/KUL/AD7 → ACW/B1(ACW : Availability 라인번호, B : 승객수)	LOW Cost&Hybrid Carrier의 Availability 조회

3) 간편 Entry

기본 지시어로 예약가능편을 조회 후 추가적으로 조회하고자 하는 내용에 대해 단축 지시어를 사용하면 보다 신속하게 원하는 정보를 조회할 수 있다.

Entry	기 능
MPAN	Move Previous AN, 바로 이전 AN 다시 조회
MDF, MDS	Move Down First Part, Move Down Second Part(Dual City 화면에서 사용)
MUF,MUS	Move Up First Part, Move Up Second Part(Dual City 화면에서 사용)
AC1	조회되어 있는 예약 기능 편의 다음 날짜로 조회
AC-1	조회되어 있는 예약 기능 편의 하루 전 날짜로 조회
AC1*	DUEL CITY PAIR로 조회된 화면 중 첫 페이지만 하루 뒤로 조회
AC*1	DUEL CITY PAIR로 조회된 화면 중 두번째 페이지만 하루 뒤로 조회
AC20FEB	2월 20일의 예약 가능편으로 변경 조회
ACR	현재 Display된 AVBLTY 화면의 복편 구간 AVBLTY 바로 조회
ACR20FEB	2월 20일의 복편 구간 AVBLTY 바로 조회
AC/ATG	항공사를 TG로 변경하여 조회

3 Schedule/Time Table 조회

1) Schedule 조회(HE SN)

AN 화면과 거의 유사하나, AN 화면은 실제 Booking이 가능한 좌석만 보여지며, SN 화면은 Close된 좌석도 확인 가능하다.

SN6FEBSELHKG SN - Schedule 확인 기본 키

6FEB – 출발일자

SELHKG – 출/도착지

아래 예약가능편 조회 화면과 스케줄 조회 화면을 비교해 보면 AN 응답화면에서 나타나지 않았던 예약 Close 코드인 S, C가 붙은 클래스도 보인다.

```
AN6FEBSELHKG

** AMADEUS AVAILABILITY – AN ** HKG HONG KONG.HK        11 SA 06FEB 0000
1  UO 615  Y4 B4 H4 K4 L4          ICN  HKG 2  0410   0705  E0/320   3:55
2  KE 603  P8 A2 J9 C9 D9 I6 Z2 /ICN  HKG 1  0825   1120  E0/772   3:55
           Y9 B9 M9 S9 HL EL KL LL UL QL GR
3  CX 415  J9 C9 D9 I9 Y9 B9 H9 /ICN  HKG 1  0850   1145  E0/333   3:55
           K9 M9 L9 V3 SL NL OL
```

```
SN6FEBSELHKG

** AMADEUS SCHEDULES – SN ** HKG HONG KONG.HK          11 SA 06FEB 0000
1  UO 615  Y4 B4 H4 K4 L4 MS NS  ICN  HKG 2  0410   0705  E0/320   3:55
           SS XS QS TS VS WS OS
2  KE 603  P8 A2 J9 C9 D9 I6 Z2 /ICN  HKG 1  0825   1120  E0/772   3:55
           Y9 B9 M9 S9 HL EL KL LL UL QL NC TC GR
3  CX 415  J9 C9 D9 I9 Y9 B9 H9 /ICN  HKG 1  0850   1145  E0/333   3:55
           K9 M9 L9 V3 SL NL QS OL
```

2) Time Table 조회(HE TN)

(1) 주간단위 스케줄 조회

항공사별 주간단위 스케줄을 조회하는 기능으로 해당 비행편의 운항요일을 쉽게 파악할 수 있다.

TN30SEPSELPAR	TN – Time Table 확인 기본 키 30SEP – 출발일 SELPAR – 출/도착지

```
TN30SEPSELPAR

** AMADEUS TIMETABLE  –  TN ** PAR PARIS.FR   ①30SEP16 07OCT16
1  AF 267 ② D  ③ICN  CDG2E  ④0930  1425  ⑤0 ⑥08SEP16 29OCT16  ⑦77W  ⑧11:55
2  OZ 501  X24   ICN  CDG 1     1230 1750     0   27MAR16              772    12:20
3  KE 901  D     ICN  CDG2E     1320 1820     0   27MAR16 29OCT16   388    12:00
4  OK 191  247   ICN   PRG 1    1250  650     0   CONNECT PRG  333
   OK 766  247  PRG 2 CDG2D     1735 1925     0   27MAR16 27OCT16   319    13:35
```

① 30SEP16 07OCT16	요청일로부터 7일간의 Date Range
② D	운항요일, D→Daily (월~일) 운항, 247→화/목/일요일 운항, X6→토요일 제외 운항
③ ICN CDG2E	출발지, 도착지, 도착터미널(2E)
④ 0930 1425	출발 시간, 도착 시간
⑤ 0	경유지 횟수
⑥ 08SEP16 29OCT16	스케줄 운영기간
⑦ 77W	기종 코드
⑧ 11:55	총 소요시간

(2) 간편 Entry

Availability와 스케줄, Time Table 조회는 서로 간단한 지시어 하나로 간단하게 변환하여 원하는 정보를 신속히 조회할 수 있다.

Entry	기 능
ACSN	Availability 화면에서 스케줄 조회로 전환
ACTN	Availability 화면에서 Time Table 조회로 전환
TCAN	Time Table 화면에서 Availability 조회로 이동
MN	Move Next(다음날 조회/AN, SN 화면에서 모두 사용 가능)
MY	Move Yesterday(전날 조회/AN, SN 화면에서 모두 사용 가능)
TCR	역 방향 Time Table 조회

3) Time and Date 조회(HE DD)

항공편의 스케줄은 출, 도착지의 현지시간으로 조회되므로 두 도시 간의 시차를 확인하는 것이 필요하다.

(1) Local Time 및 도시 간 시간차(Time Difference) 조회

DDLAX	LAX의 현지 시간 및 시간차 조회

```
DDLAX
LAX TIME IS 1826/0626P ON SAT09JAN16
LAX IS 17HRS 00MIN EARLIER
```

LAX는 현재 2016년 1월 9일 토요일 18시 26분(PM 6시 26분)이며, 한국은 LAX보다 17시간이 더 빠르다.

(2) 특정 시간 및 도시 지정

항공편의 스케줄은 출도착지의 현지시간으로 표기되므로 두 도시 간의 시차를 확인하는 것이 필요하다.

DDSEL1200/SIN	SEL이 12시일 때 SIN은 몇 시인지 조회

```
DDSEL1200/SIN
  SIN TIME IS 1100/1100A ON SAT05DEC15
  SIN IS 01HRS 00MIN EARLIER
```

서울이 낮 12시일 때 SIN은 오전 11시이며 시차는 한국이 1시간 더 빠르다.

(3) 달력

GGCAL18DEC	2018년 12월 조회

```
          DECEMBER 2018
SU  MO  TU  WE  TH  FR  SA
                         1
 2   3   4   5   6   7   8
 9  10  11  12  13  14  15
16  17  18  19  20  21  22
23  24  25  26  27  28  29
30  31
```

4) Multi Airport

한 도시에 공항이 여러 개인 경우 조회방법이다.

```
DB SEL
```

```
DBSEL
  MULTI-AIRPORT
  CITY: SEL   SEOUL/KR
  ARPT: GMP   GIMPO INTERNATIONAL
        ICN   INCHEON INTERNATIONAL
        SSN   AIR BASE
```

4 항공사 Access Level

GDS와 항공사 간의 작업처리 방식에 대한 협정에 따라 Level별로 차이를 나타내며, 예약가능편 조회 시 Access Level별 Indicator가 표시된다.

1) 항공사별 Access Level 조회

```
GG PCA LACC
```

```
            GGPCALACC           EN  12SEP15 0130Z
AMADEUS PARTICIPATING CARRIERS : ACCESS LEVEL
FOR DECODING OF ACCESS LEVEL ENTER  GP1
                         ACC LSA    DYN NUM
CC  CARRIER NAME         IND IND AAS SCH AVL ADA DIR STD
--- ---------------------- ---------------------------------
AA  AMERICAN AIRLINES         .  / YES        YES YES
AB  AIR BERLIN               /   / YES YES YES YES
AC  AIR CANADA               /  /  YES YES YES YES YES
AD  AZUL LINHAS AEREAS B      .  / YES     YES
AE  MANDARIN AIRLINES         .  / YES     YES    YES
AF  AIR FRANCE               /  /  YES YES YES YES
AG  ARUBA AIRLINES           /  /  YES YES YES
AH  AIR ALGERIE               .    YES           YES
AI  AIR INDIA LIMITED        /  /  YES YES YES YES YES
AK  AIRASIA SDN BHD           -
AM  AEROMEXICO               /  /  YES YES    YES YES
AN  HOP AIRLINAIR            /  /  YES YES YES
AP  AIRONE S.P.A.                                YES
AR  AEROLINEAS ARGENTINA     /  /  YES YES YES YES YES
AS  ALASKA AIRLINES          /  /  YES YES YES YES YES
AT  ROYAL AIR MAROC           /  / YES YES YES YES
AU  AUSTRAL LINEAS AEREA     : /   YES YES
AV  AVIANCA                  /  /  YES YES YES YES
AY  FINNAIR                  /  /  YES YES YES YES
AZ  ALITALIA S.A.I. S.P.     /  /  YES YES    YES YES
A2  ASTRA AIRLINES           /     YES YES
A3  AEGEAN AIRLINES          /  /  YES YES YES YES
A5  HOP                      /  /  YES YES YES YES
A9  GEORGIAN AIRWAYS            /  YES YES
BA  BRITISH AIRWAYS          /  /  YES YES YES YES
BB  SEABORNE AIRLINES        /     YES YES      YES
BD  BRITISH MIDLAND INTE        /  YES    YES
BE  FLYBE                     .    YES        YES
BG  BIMAN BANGLADESH AIR      / /  YES YES YES   YES
BH  HAWKAIR                                      YES
BI  ROYAL BRUNEI             /  /  YES YES YES YES
```

2) 종류 및 특징

구분	Standard Access	Direct Access	Access Update	Access Sell	Full Access
표시	blank	*	:	.	/
Last Seat 조회	불가	불가(일부 항공사 가능)			가능
응답코드	SS → HK LL → HL NN → HN			HK, HN, LL	
좌석확보 시점	EOT			Segment Sell 시점	
12시간 내 예약 거절가능성	있음			없음	

항공사별 Last Seat 가능 여부 확인

```
GG PCA KE
```

```
PARTICIPATING CARRIER ACCESS AND FUNCTION LEVEL
KE - KOREAN AIR
                                ALTEA RESERVATION : YES
  ACCESS INDICATOR : /          RECORD LOCATOR RETURN : ALL
LAST SEAT AVAIL INDIC : /       CARRIER PREFERRED DISP : ALL
  STANDARD ACCESS :             BOOKING RANGE IN DAYS : 357
AMADEUS ACCESS SELL : YES       INTERACTIVE SEAT MAP : YES
DYNAMIC SCHEDULE UPD : YES      INTERACTIVE ASR : YES
NUMERIC AVAIL UPDATE : YES      ASR DAYS/HOURS : 365/00
```

Quick Guide

	항목	Decode	Encode
코드 조회	도시 주 국가 항공사 기종	DACPAR DNSUSFL DC KR DNACX DNE 744	DAN PARIS DNS FLORIDA DC KOREA DNA CATHAY PACIFIC DNE BOEING
시차 조회	두 도시 간 특정 시간대 지정	DDPAR DDSEL1300/PAR	파리 현지시각 및 시차 서울이 13시일 때 파리의 시각
예약가능편 조회	Availability	AN1MARSELHKG AN1MARSELHKG/ACX AN1MARSELHKG*5MAR AC20MAR ACR25MAR AC/AKE	General Seat Availability 특정항공사 지정 왕복조회 출발일을 20MAR로 변경 조회 복편 출발날짜를 25MAR로 변경 조회 항공사를 KE로 변경하여 조회
스케줄 조회	스케줄 조회 Time Table 조회 간편지시어	SN1MARSELPEK TN1MARSELPEK TCR TCAN	3월1일 SELPEK 운항 스케줄 조회 SELPEK 항공사별 주간 운항스케줄 역방향 주간운항 스케줄 Availability 조회로 전환
	특정항공편 스케줄	Availability 또는 SKD 조회 후 DO1(SKD번호)	중간경유지, 비행시간, 지상조업 시간, 마일리지 등 조회 가능

실습문제

1. Decode/Encode를 활용하여 아래 표의 빈칸을 채우시오.

<table>
<tr><td rowspan="6">도시
코드</td><td>미국 NEW YORK</td><td></td><td rowspan="6">도시
full
name</td><td>AKL</td><td></td></tr>
<tr><td>일본 OKINAWA</td><td></td><td>SAO</td><td></td></tr>
<tr><td>중국 XIAN</td><td></td><td>DFW</td><td></td></tr>
<tr><td>중국 SHENYANG</td><td></td><td>SPK</td><td></td></tr>
<tr><td>태국 PHUKET</td><td></td><td>LED</td><td></td></tr>
<tr><td>러시아 MOSCOW</td><td></td><td>FRA</td><td></td></tr>
<tr><td rowspan="2">공항명</td><td>LHR</td><td></td><td rowspan="2">항공사
명</td><td>HA</td><td></td></tr>
<tr><td>CDG</td><td></td><td>PR</td><td></td></tr>
<tr><td rowspan="2">국가</td><td>BRAZIL</td><td></td><td rowspan="2">기종</td><td>742</td><td></td></tr>
<tr><td>AT</td><td></td><td>CS3</td><td></td></tr>
</table>

2. 다음 조건에 해당하는 지시어를 쓰시오.

1) 10월 5일 SEL/PAR, 10월 10일 PAR/SEL 왕복 AF항공으로 좌석 가능편 동시 조회

2) 11월 1일 이후 SEL-ZRH KE항공의 운항요일

3) 좌석가능편 조회 후 같은 구간을 20OCT로 재조회하기 위한 단축 지시어

3. 다음 KE061편 세부 스케줄을 보고 물음에 답하시오.

```
* 1A PLANNED FLIGHT INFO *          KE 61   36 WE 02MAR
APT ARR DY DEP  DY CLASS/MEAL    EQP GRND EFT  TTL
ICN            2130 WE RAJCDIZYBMS/DB  77W       10:55
                    HEKLUQNTG/DB
LAX 1525 WE 1730 WE  RAJCDIZYBMS/DB        2:05  12:10
                     HEKLUQNTG/DB
GRU 1040 TH                                      25:10
```

1) LAX 출발시간을 쓰시오.

2) GRU 도착일과 요일 및 도착시간을 모두 쓰시오

3) LAX-GRU까지의 비행시간을 쓰시오.

Ⅱ

항공여객예약 작성 실무

제4장

예약기록(PNR)의 작성과 수정

제4장

예약기록(PNR)의 작성과 수정

1 PNR 작성 화면 준비

새로운 PNR를 작성하기 위해서는 작업장이 비어있어야 한다. 즉 화면에 작업 중인 다른 내용이 있어서는 안되는데 작업 중인 내용이 있는지의 여부는 RT로 조회했을 때 다음과 같은 화면이 준비되어 있어야 한다.

```
> RT
INVALID
```

2 항공 여정 작성[Itinerary Element(HE SS)]

1) 여정이란?

승객이 여행을 위해 탑승하는 항공구간 및 기타 버스 철도 등의 지상 교통 구간 및 여행을 이용하는 호텔, 렌터카 등의 예약을 모두 포함하는 것이 여정(Itinerary)이다.

여정의 종류	내 용
항공여정(Air Segment)	승객이 항공기를 이용하여 여행하는 구간
부대여정 (Auxiliary Segment)	항공여행을 위해 수반되는 서비스인 호텔, 렌터카, 기타 교통편의 예약이며 이런 부대여정만으로도 PNR 작성이 가능하다.
비 항공 운송구간 (ARNK : Arrival Unknown)	항공편 외 지상교통 수단으로 이동하는 구간을 예약기록에 남길 때 사용한다.

2) 여정 작성 방법

항공여정을 예약하려면 여행하고자 하는 구간과 날짜, 그리고 필요한 좌석 수 및 탑승 클라스가 필요하며 예약하는 방법으로는 예약가능편 조회를 이용하거나 탑승편명을 직접 입력하여 예약하는 방법이 있다.

(1) Availability를 이용한 여정 작성

여행하고자 하는 날짜의 예약가능편을 조회한 후 원하는 항공편을 선택하는 방법이다.

❶ 직항편 예약

가. 좌석 가능한 class에 편도 예약하는 경우

```
AN15NOVSELBKK
```

AN : Abilibity 기본지시어

15NOV : 날짜, 월

SELBKK : SEL출발 BKK도착

```
AN15NOVSELBKK
** AMADEUS AVAILABILITY - AN ** BKK BANGKOK.TH          346 TU 15NOV 0000
 1  KE 657  P6 A2 J9 C9 D9 I9 Z9 /ICN  BKK   0900   1300  E0/333      6:00
            Y9 B9 M9 S9 H9 E9 K9 L9 U9 Q9 N9 T9 GR
 2  KE 651  P9 A2 J9 C9 D9 I9 Z9 /ICN  BKK   1715   2105  E0/744      5:50
            Y9 B9 M9 H9 E9 K9 Q9 T9 GR
 3  OZ 741  C9 D9 Z9 U9 Y9 B9 M9 /ICN  BKK   1820   2210  E0/333      5:50
            H9 E9 Q9 K9 S9 V9 L9 W9 TR GR
 4  KE 659  P6 A2 J9 C9 D9 I9 Z9 /ICN  BKK   1850   2255  E0/333      6:05
            Y9 B9 M9 S9 H9 E9 K9 L9 U9 Q9 N9 T9 GR
```

위의 예약가능편 조회에서 KE657편에 1석 예약하기 위한 ENTRY는

SS1Y1	SS : 기본지시어(Segment Sell)
	1 : 좌석 수
	Y : Booking class
	1 : Line number

```
SS1Y1

RP/SELK1394Z/
 1 KE 657  Y  15NOV  2  ICNBKK  DK1  0900 1300  15NOV  E  0  333
   항공편명 class 출발일 요일 출목적지 1석 확보 출도착시각 도착일 e-tkt가능 경유지 기종
   SEE RTSVC
```

나. 왕복동시에 예약하는 경우

AN1NOVSELPAR/AKE*8NOV	SELPAR 1NOV, PARSEL 8NOV로 예약가능편 조회

```
AN1NOVSELPAR/AKE*8NOV
** AMADEUS AVAILABILITY - AN ** PAR PARIS.FR        287 TH 01NOV 0000
 1  KE 901  R9 A2 J9 C9 D9 I9 Z9 /ICN  CDG2E 1320  1820  E0/388    13:00
            Y9 B9 M9 S9 H9 E9 K9 L9 U9 Q9 N9 T8 GR

** AMADEUS AVAILABILITY - AN ** SEL SEOUL.KR        294 TH 08NOV 0000
11  KE 902  R9 A2 J9 C9 D9 I9 Z9 /CDG2E ICN  2100  1500+1E0/388    10:00
            Y9 B9 M9 S9 H9 E9 K9 L9 U9 Q9 N9 T8 GR
```

SS2Y1*11	1번 스케줄(KE901)과 11번 스케줄(KE902)에 2석 예약

```
SS2Y1*11
RP/SELK1394Z/
  1  KE 901 Y 01NOV 4 ICNCDG DK2  1320 1820  01NOV  E  0 388 LD
     BLOCKSPACE CODESHARE FLIGHT
  2  KE 902 Y 08NOV 4 CDGICN DK2  2100 1500  09NOV  E  0 388 DB
     BLOCKSPACE CODESHARE FLIGHT
```

■ **실습**

1) 11월 1일 SEL LON 대한항공편 Y Class에 2석 예약

2) 12월 4일 SEL HKG CX 항공 두 번째편 M Class에 1석 예약

3) 10월 1일 SEA SEL DL 항공 직항편 K Class에 3석 예약

4) 11월 2일 SELROM 출발, 11월 10일 ROMSEL 왕복 KE 여정으로 K Class 1명 예약

❷ 연결편 예약

출발지에서 목적지까지 직항편이 없고, 중간경유지에서 항공편을 갈아타는 연결편을 예약하는 경우는 해당 Class를 연결하여 함께 예약한다.

AN15NOVSELAUS 11월 15일 SEL 출발 AUS 도착 예약가능편 조회

```
AN15NOVSELAUS
** AMADEUS AVAILABILITY - AN ** AUS AUSTIN.USTX        301 TH 15NOV 0000
1  KE 031  R7 A2 J9 C9 D9 I9 Z6 /ICN   DFW D  1000    0900  E0/772
           Y9 B9 M9 S9 H9 E9 K9 L9 U9 Q9 N9 T9 GR
   AA1948  J7 D7 I7 Y7 B7 H7 K7 /DFW 0 AUS   1100    1200  E0.321      17:00
           M7 L7 G7 V7 S7 N7 Q7 O7
2  AA 280  J7 R7 D7 I7 W7 P7 Y7 /ICN   DFW D  1840    1720  E0.789
           B7 H7 K7 M7 L7 G7 V7 S7 N7 Q7 O7
   AA 525  J7 D7 I7 Y7 B7 H7 K7 /DFW 0 AUS   2000    2100  E0.321 N   17:20
           M7 L7 G7 V7 S7 N7 Q7 O7
```

가. 목적지까지 동일 Class로 (M Class) 예약하는 경우

SS 1 M 1　SS : 여정 기본지시어

1 : 좌석 수

M : M Class로 예약(KE031, AA1948편 동일Class로)

1 : Availability line number

```
SS1M1
--- SFP ---
RP/SELK1394Z/
 1  KE 031  M 015NOV 4 ICNDFW DK1  1000 0900  01NOV  E  0 772 LM
    CHK APO NAME DALLAS OR DULLES     SEE RTSVC
 2  AA1948 M 015NOV 4 DFWAUS DK1  1100 1200  01NOV  E  0 321  SEE RTSVC
```

나. 항공편별로 Class를 다르게 예약할 경우

SS1MQ1	SS : 여정 기본지시어 1 : 좌석 수 M : SELDFW (KE031) M Class로 예약 Q : DFWAUS (AA1948) Q Class로 예약 1 : Availability line number

```
--- SFP ---
RP/SELK1394Z/
 1 KE 031 M 15NOV 4 ICNDFW DK1 1000 0900 15NOV E 0 772 LM
   CHK APO NAME DALLAS OR DULLES
   SEE RTSVC
 2 AA1948 Q 15NOV 4 DFWAUS DK1 1100 1200 15NOV E 0 321
```

■ **실습**

1) 11월 1일 SEL에서 MIA까지 첫 번째 스케줄 Y Class로 2명 예약

2) 10월 5일 SEL에서 DBV까지 첫 번째 스케줄 M Class로 3명 예약

❸ Married Segment

출발지에서 도착지까지 경유지가 있는 여정을 동일항공사로 계속 이용하는 경우 항공사에서 두 노선을 묶어 판매하는 방식이다. Married Segment는 항공사의 제휴항공사의 판매 또는 영업전략과 특정 구간에 대한 긴 구간을 판매하기 위한 전략으로 Married 구간에 대한 좌석공급을 우선 순위로 유지한다.

PNR에 Married Segment가 포함되어 있으면 PNR 상단에 -MSG -tag가 붙는다.

가. 예약방법

가) 예약가능편 조회

```
AN1JULSELMEX/AUA
```

```
AN1JULSELMEX/AUA
** AMADEUS AVAILABILITY - AN ** MEX MEXICO CITY.MX      142 FR 01JUL 0000
1  UA 892  F9 A9 J9 C8 D8 Z8 P8 /ICN   SFO I  1635  1125  E0/744
           Y9 B9 M9 E9 U9 H9 Q9 V9 W9 S9 T0 L0 K0 G0 N0
   UA 821  C8 D8 Z8 P8 Y9 B9 M9 /SFO 3 MEX 1 1250 1925  E0/319  16:50
           E9 U9 H9 Q9 V9 W9 S9 T0 L0 K0 G0 N0
```

SEL출발 MEX 구간 예약가능편을 UA항공으로 조회 시 SFO를 경유하는 스케줄이 조회됨

나) 좌석예약

SS1Y1	SEL SFO, SFO MEX까지 1번~2번 여정을 모두 Y Class로 예약

또는

SS1YM1	SELSFO은 Y Class, SFOMEX는 M Class로 예약

```
SS1Y1
--- MSC  SFP ---
RP/SELK1394Z/
 1  UA 892 Y 01JUL 5*ICNSFO DK1  1640 1125  01JUL  E  0 744 D
    ADV PAX FLT ARRIVES TERMINAL-I
 2  UA 821 Y 01JUL 5*SFOMEX DK1  1250 1920  01JUL  E  0 319 F
    ADV PAX FLT ARRIVES TERMINAL-1
```

상기 스케줄 예약 시 상단에 MSC tag가 생성됨

다) 완성된 PNR

상단의 MSC tag로 Married Segment에 예약되었음을 알 수 있다.

```
--- RLR MSC SFP ---
RP/SELK1394Z/SELK1394Z          AA/GS  10FEB16/0916Z   28IA9J
4414-5000
  1.LEE/MINHOMR
  2  UA 892 Y 01JUL 5*ICNSFO HK1  1640 1125  01JUL  E  UA/
  3  UA 821 Y 01JUL 5*SFOMEX HK1  1250 1920  01JUL  E  UA/
  4 AP SEL 1566-0014 - TOPAS TRAINING UNIVERSITY - A
  5 TK OK10FEB/SELK1394Z
```

나. 확인방법

Married Segment 및 Non-Air를 포함한 모든 Segment가 Display되고, Married Segment 뒤에는 'A01' 이 표시된다.

```
RTIM
```

```
RTIM
RP/SELK1394Z/SELK1394Z          AA/GS  10FEB16/0916Z   28IA9J
4414-5000
  2  UA 892 Y 01JUL 5 ICNSFO HK1         1640 1125   *1A/E*  A01
  3  UA 821 Y 01JUL 5 SFOMEX HK1       3  1250 1920   *1A/E*  A01
```

다. Married Segment 취소

Married Segment는 하나의 스케줄로 간주하므로 여정 중 일부의 예약변경이나 취소 시 하나의 스케줄로 간주하여 처리해야 한다. 항공사에 따라 취소가 불가능한 항공사가 있으므로 반드시 확인이 필요하다.

부분취소를 하는 경우 Error메시지가 없으면 취소할 수 있으나 아래와 같이 부분 취소를 허용하지 않는 경우는 취소가 불가하다.

```
> XE2
NOT ALLOWED : MARRIED SEGMENT 3
```

(2) Direct Segment 방식을 이용한 여정 작성

예약하고자 하는 구간의 Availability를 조회하지 않고 Direct로 항공사, 편수, 날짜 등을 입력하여 좌석을 요청하는 형태이며 이는 예약하고자 하는 구간의 항공편명을 알고 있을 때 주로 사용한다.

Short Sell Entry

AN15OCTSELBKK/AKE → SS1Y1

Long Sell Entry

SSKE905Y20SEPSELFRA1

SS	Direct Segment Entry로 입력하기 위한 지시어
KE905	항공편명
Y	Booking Class
20SEP	여행출발일자
ICNFRA	출도착지
1	요청 좌석 수

❶ 좌석이 가능한 경우

예약 가능편을 조회하지 않고 직접 요청하는 형태이므로 좌석이 ABVL한 경우와 만석인 경우 응답형태가 다르며 좌석이 가능한 경우는 아래와 같이 바로 확약 Segment가 생성된다.

```
SSKE905Y20SEPSELFRA1
RP/SEL1A0983/
1  KE 905 Y 20SEP 7 ICNFRA DK1  1245 1745  20SEP  E  0 77W  LD
   SEE RTSVC
```

❷ 만석인 경우

요청하는 편의 CLS가 만석인 경우는 Segment가 만들어지지 않고 해당 일자의 Availability 화면이 조회된다.

SS CX415 S 9FEB SELHKG1	CX415편 9FEB에 S CLS 1석 요청

```
SSCX415S9FEBSELHKG1
CX 415 S 09FEB 2 ICNHKG NOT AVAILABLE BUT WAITLIST OPEN
AD09FEBICNHKG0850          좌석은 가능하지않으며 대기예약이 OPEN이라는 응답
** AMADEUS AVAILABILITY - AD ** HKG HONG KONG.HK      13 TU 09FEB 0850
1  KE 603  R8 A2 J9 C9 D9 I9 Z8 /ICN  HKG 1  0825   1120  E0/772      3:55
           Y9 B9 M9 S9 H9 E9 K9 L9 U9 Q9 N9 T9 GR
2  CX 415  J9 C9 D9 I9 Y9 B9 H9 /ICN  HKG 1  0850   1145  E0/333      3:55
           K9 M9 L9 V9 SL NL OL
```

(3) Special Segment

❶ 미확정 구간의 예약(Open Segment - HE OPEN)

승객의 여정이 미확정된 경우는 미확정 구간의 예약을 함으로써 구간의 연속성을 맞춰 준다. 미확정이 가능한 요소는 항공사, 항공편명, 날짜이다.

가. 항공편이 미확정일 때

```
SO KE Y 25NOV ICNNRT
```

SO : 미확정 구간예약 지시어

KE : 항공사(항공사가 미정일 경우 YY 입력)

Y : CLS

25NOV : 날짜

ICNNRT : ICN 출발 NRT 도착

```
SOKEY25NOVICNNRT
RP/SELK1394Z/
  1 KE OPEN Y 25NOV 5 ICNNRT
        항공편명 대신에 OPEN으로 표시됨
```

나. 날짜가 미확정일 때

```
SO CX Y   ICN HKG
```

```
SOCXYICNHKG
RP/SELK1394Z/
  1 CXOPEN Y        ICNHKG    → 날짜 위치가 BLANK임
```

다. 항공사가 미확정일 때

```
SO YY Y 1NOV ICN FRA
```

YY : 항공사 미지정 상태로 모든 항공사를 의미

```
SOYYY1NOVICNFRA
RP/SELK1394Z/
  1 YYOPEN Y 01NOV 2 ICNFRA  → 항공사 위치에 YY(모든 항공사)로 입력됨
```

미확정 구간 예약 시 주의사항

- 여정의 첫 번째 Segment는 날짜 미확정 예약이 불가능하다.
- Class, 구간은 미확정할 수 없다.
- 항공사 코드는 실제 코드 또는 YY(모든 항공사)만을 써야 한다.
- 항공사 코드가 지정되었을 경우는 그 항공사가 해당 구간을 운항하고 있어야 한다.
- 반드시 공항코드로 예약하여야 한다.

■실습

1) TYO에서 SPK구간 JL 항공으로 Y Class OPEN 예약

2) LON에서 PAR구간 5DEC AF항공으로 Y Class OPEN 예약

3) BJS에서 HKG 구간 CA항공으로 Y Class OPEN 예약

❸ Waitlist(대기자) Segment (HE Waitlist)

가. 예약가능편 조회 후 대기예약

AN 15MAR SELBKK/ATG

SS1K1/PE

SS : 여정 기본 지시어

1 : 좌석 수

K : BKG CLS

1 : 여정번호

/PE : Waitlist Priority Action Code

```
AN15MARSELBKK/ATG
** AMADEUS AVAILABILITY - AN ** BKK BANGKOK.TH      101 TU 15MAR 0000
 1 TG 659   CL DL JL ZL IL RL YL    /ICN BKK  0935   1330 E0/773  5:55
ML HL QL GR TL KL SL XL VL WL NL → 모든 CLS가 만석이며 대기예약만 가능
 2 OZ:TG6727  C4 YL BL ML HL   /ICN  BKK  1820   2210 E0/772   5:55
```

```
SS1K1/PE
                                          대기예약되었음을 나타내는 코드
RP/SELK1394Z/                            ↗
 1  TG 659 K 15MAR 2 ICNBKK DW1  0935 1330  15MAR  E  0 773 M   SEE RTSVC
```

나. 편명을 지정하여 Direct Segment 방식으로 대기예약

```
SS KE701Y1NOV ICNNRT PE1
```

```
SSKE701Y1NOVSELNRTPE1

RP/SELK1394Z/
 1  KE 701 Y 01NOV 2 ICNNRT DW1  0905 1135  01NOV  E  0 773 M
    SEE RTSVC
```

❸ 비항공 운송구간(ARNK : Arrival Unknown, HE ARNK)

여정 중간에 비항공 운송 구간(Surface) 발생 시 ARNK 구간을 입력하여 여정의 연속성을 맞춰준다.

Topas SellConnect에서는 ARNK를 여정순서에 관계없이 입력하여도 ARNK가 필요한 위치에 자동으로 입력된다.

SI ARNK	SI : Segment Information 기본 지시어 ARNK : 비항공 운송 구간(Arrival Unknow)

```
SIARNK
RP/SELK1394Z/
  1  KE 657 Y 15NOV 2 ICNBKK DK1  0900 1300  15NOV  E  0 333 M
     SEE RTSVC
  2  ARNK
  3  KE 608 Y 19NOV 6 HKGICN DK1  0055 0520  19NOV  E  0 77W M
     SEE RTSVC
```

ARNK는 반드시 입력해야 할까?

- ARNK를 입력하지 않으면 Error MSG가 나오지만 한번 더 ER을 입력하면 저장된다.
- 그러나 PNR 수정 작업 발생 시 ARNK를 입력해 놓지 않으면 PNR 변경 시마다 Error MSG가 나온다.('WARNING : CHECK SEGMENT CONTINUITY -SEGMENT 2/3')
- 따라서 처음부터 입력하여 여정의 연속성을 맞추는 것이 PNR 작성에 유리하다.

3) Rebooking PNR(HE REBOOK or HE SB)

(1) Booking Class 재예약

SB K 3	SB : Should Be 변경 기본 지시어 K : 변경하고자 하는 새로운 Booking Class 3 : 변경하고자 하는 여정 번호

```
SBK3
RP/SELK1394Z/
 1.PARK/SEUNGTAEMR   2.CHO/INSUNGMR
 3  KE 657 K 10DEC 4 ICNBKK DK2  0900 1300  10DEC  E  0 744 M
    SEE RTSV        → 3번 여정이 K CLS로 변경됨
```

(2) Date 재예약

SB21NOV 3	SB : Should Be 변경 기본 지시어
	21NOV : 변경하고자 하는 새로운 날짜
	3 : 변경하고자 하는 여정 번호

```
SB21NOV3
RP/SELK1394Z/
 1.PARK/SEUNGTAEMR   2.CHO/INSUNGMR
 3  KE 657 Y 21NOV 7 ICNBKK DK2  0900 1300  20DEC  E  0 744 M
    SEE RTSVC   → 3번 여정이 21NOV로 변경됨
```

(3) 항공편 재예약

SB KE651*3	SB : Should Be 변경 기본 지시어
	KE651 : 변경하고자 하는 항공편
	*3 : 변경하고자 하는 여정 번호

```
SBKE651*3
RP/SELK1394Z/
 1.PARK/SEUNGTAEMR   2.CHO/INSUNGMR
 3  KE 651 K 20DEC 7 ICNBKK DK2  1715 2105  20DEC  E  0 77W D
    SEE RTSVC   → 3번 여정이 KE651편으로 변경됨
```

(4) 좌석 수 변경

좌석 수 변경 Entry는 PNR 작성에 필요한 모든 요소를 작성하고 최종 저장(EOT) 이전에만 사용할 수 있으며, 좌석의 감소, 증가 기능 모두 가능하다.

3/2	3 : 여정 번호
	/ : Slash(구분 키)
	2 : 변경하고자 하는 좌석 수

```
3/2
RP/SELK1394Z/
 1.PARK/SEUNGTAEMR   2.CHO/INSUNGMR
 3  KE 651 K 20DEC 7 ICNBKK DK2  1715 2105  20DEC  E  0 77W D
    SEE RTSVC      → 3번 여정이 2좌석으로 변경됨
```

4) 여정 및 Data 취소

여정 및 PNR에 입력한 모든 Data는 각각의 Element로 입력되며 취소 시 간단히 해당 Element번호를 이용하여 취소한다.

XI	전 여정만 취소
XE	기본 키
XE3, 5	3번, 5번 취소(Element 번호로 취소)
XE4-5	4번에서 5번까지 취소

■실습

1) 11월 5일 SELLAX KE017편 M Class로 2석 예약 후 다음 사항을 실행하시오.

① 출발일을 11월 6일로 변경　　　② Class를 Y Class로 변경

③ 좌석 수를 3석으로 변경　　　　　　　④ ARNK 입력

⑤ 11월 20일 SFO SEL 대한항공편 Y Class로 예약

⑥ KE017편 취소

3 승객성명(Name Element) 입력 및 수정(HE NM)

1) 성명 작성 시 주의사항

- 타인 또는 대리인의 성명을 잠정적으로 대신 입력하는 것은 불가하다.
- Full Name을 기재하며 여권상의 Name Spelling을 기준으로 입력한다.
- 내/외국인 상관없이 성(Last Name)을 먼저 기입하되 성은 2글자 이상이어야 한다.
  예) O(X), OH(0)
- SEG별 요청 좌석 수와 승객 성명수가 반드시 일치해야 한다.
- 유아(INFANT)의 성명은 동반 성인 보호자와 함께 입력한다.
- 성명 뒤에는 성별 또는 신분에 맞는 적절한 Title을 기입한다.
- 1개의 PNR에는 성인 99명까지의 성명 입력이 가능하다.
- 유/소아 성명 입력 시 생년월일을 함께 입력한다.

■ TOPAS SellConnect가 유지하는 Title의 종류

성별에 따른 Title		신분에 다른 Title	
MR	성인 남자	PROF	Professor(교수)
MS	성인 여자(기/미혼)	CAPT	Captain(기장, 선장)
MRS	성인 여자(기혼)	DR	DR(의사)
MISS	유/소아 여자	REV	REV(성직자)
MSTR	유/소아 남자		

■ **성인 및 유/소아 구분 기준(출발일 기준)**

유아(Infant)	만 2세 미만 (좌석 비점유), 항공사별 운영 상이
소아(Child)	만 2세 이상~만 12세 미만으로 동반보호자와 같은 Class 탑승조건
성인(Adult)	만 12세 이상

2) 성명 입력

(1) 성인승객 입력

❶ 기본 형태

NM1HONG/GILDONGMR

NM : 성명 기본 지시어

1 : 승객 수

HONG/GILDONGMR : 성, 이름, 타이틀

```
NM1HONG/GILDONGMR

RP/SELK1394Z
 1.HONG/GILDONGMR
```

❷ 동일 성을 가진 승객 성명 동시 입력(두 번째 승객부터는 성을 생략)

NM2HONG/GILDONGMR/GILSUNGMR 홍길동 홍길성을 동시에 입력

```
NM2HONG/GILDONGMR/GILSUNGMR

RP/SELK1394Z
 1.HONG/GILDONGMR    2.HONG/GILSUNGMR
```

→ 두 번째 승객은 성을 생략해도 PNR에는 성이 HONG으로 입력됨

❸ 승객 2명 이상의 성명을 동시에 입력(두 번째 승객부터는 NM 생략)

```
NM1HONG/GILDONGMR 1KIM/SOOHYUNMR
```

```
NM1HONG/GILDONGMR1KIM/SOOHYUNMR
RP/SELK1394Z/
  1.HONG/GILDONGMR   2.KIM/SOOHYUNMR
```

■ 실습

1) 본인의 가족구성원 모두의 이름을 입력하되 같은 성끼리는 동시에 입력

(2) 소아승객 입력

소아성명 입력 시 소아임을 나타내는 Keyword인 CHD와 생년월일을 입력해야 한다.

```
NM1KANG/SARANGMISS(CHD/15MAY09)
```

NM : 성명 기본 지시어

1 : 승객 수

KANG/SARANGMISS : 성, 이름, 타이틀(여아 : MISS, 남아 : MSTR)

(CHD/15MAY09) : 소아 생년월일(날짜/월/연도순)

```
NM1KANG/SARANGMISS(CHD/15MAY09)
RP/SELK1394Z/
  1.KANG/SARANGMISS(CHD/15MAY09)
```

(3) 유아승객 입력

유아는 성인 1명당 1명의 유아를 동반할 수 있고, 동반 유아 추가 시 소아로 입력하고 소아운임을 지불해야 한다.

❶ 유아 성이 보호자와 동일하지 않은 경우

```
NM1HONG/GILDONGMR(INFKANG/SARANGMISS/15JAN18)
```

HONG/GILDONGMR : 보호자

(INFKANG/SARANGMISS/15JAN18) : 성을 포함한 이름과 생년월일 입력

※ 괄호 안에는 /가 2번만 허용되므로 보호자와 성이 다른 경우 INF와 KANG 사이에 /는 생략

```
NM1HONG/GILDONGMR(INFKANG/SARANGMISS/15JAN18)
RP/SELK1394Z/
  1.HONG/GILDONGMR(INFKANG/SARANGMISS/15JAN18)
```

❷ 유아 성이 보호자와 동일한 경우(유아의 성 생략 가능)

```
NM1HONG/GILDONGMR(INF/SARANGMISS/15JAN18)
```

HONG/GILDONGMR : 보호자

(INF/SARANGMISS/15JAN18) : 유아 생년월일

```
NM1HONG/GILDONGMR(INF/SARANGMISS/15JAN18)
RP/SELK1394Z/
  1.HONG/GILDONGMR(INF/SARANGMISS/15JAN18)
```

❸ 성인 승객 성명 입력 후 해당 성인 승객에게 유아를 추가하는 경우

1/(INF/SARANGMISS/15JAN18)	1번 승객에게 유아 추가

```
1/(INF/SARANGMISS/15JAN18)
RP/SELK1394Z/
  1.HONG/GILDONGMR(INF/SARANGMISS/15JAN18)
          → 성인승객 HONG/GILDONGMR에게 유아가 추가됨
```

■**실습**

1) 본인이름 입력 후 유아 SUL/AGIMISS 추가(18년 1월 5일생)

2) 부모님 성명 입력 후 본인을 소아(16년 3월 1일생)로 입력

3) 성명 삭제 및 수정

PNR 작성 중에는 승객성명이 변경 가능하나, PNR이 완성된 후에는 변경이 불가하다. 단순한 Spelling 변경이라도 항공사마다 허용 여부가 상이하므로 PNR 작성 시 정확히 입력하도록 주의한다.

(1) 성인승객 삭제 및 수정

❶ 삭제

XE의 기본지시어를 활용하여 해당 승객의 Element번호로 삭제한다.

한 명씩 삭제 : XE2(2번 승객)

여러 명 동시 삭제 : XE2-3(2번, 3번 승객 동시 삭제)

1번, 3번 승객 동시 삭제 : XE1, 3

XE3 XE : 삭제 지시어

3 : 승객번호(3번 승객 KIM/YOONJO 삭제)

```
RP/SELK1394Z/
  1.HONG/GILDONGMR   2.KANG/SOUOONMR  3.KIM/YOONJOMS
```

```
XE3
RP/SELK1394Z/
  1.HONG/GILDONGMR   2.KANG/SOUOONMR
                                    → 3번 승객 삭제됨
```

❷ 수정

PNR 완성 후 성명의 수정은 항공사의 허용 여부가 상이하므로 반드시 해당 항공사에 확인 후 변경해야 한다.

가. Name Update : 승객 요청사항이 반영된 SSR사항 유지

NU1/1HONG/KILDONGMR NU : 수정기본 지시어(Name Update)

1 : 2번 승객

HONG/KILDONGMR : 수정된 성명

```
RP/SELK1394Z/
 1.HONG/GILDONGMR
 2  KE 901 M 01MAR 4 ICNCDG DK1  1400 1830  01MAR  E  0 388 LD
    BLOCKSPACE CODESHARE FLIGHT     SEE RTSVC
 3 SSR WCHR KE HK1/S2
          ↓
NU1/1HONG/KILDONGMR
RP/SELK1394Z/
 1.HONG/KILDONGMR
 2  KE 901 M 01MAR 4 ICNCDG DK1  1400 1830  01MAR  E  0 388 LD
    BLOCKSPACE CODESHARE FLIGHT     SEE RTSVC
  3 SSR WCHR KE HK1/S2
```

→ 1번 승객의 Spelling이 KIL/DONG으로 변경되고 WCHR 신청은 그대로 유지됨

나. Name Change : 승객 요청사항이 반영된 SSR사항도 함께 삭제됨

```
1/1HONG/KILDONGMR
```

```
RP/SELK1394Z/
 1.HONG/GILDONGMR
 2  KE 901 M 01MAR 4 ICNCDG DK1  1400 1830  01MAR  E  0 388 LD
    BLOCKSPACE CODESHARE FLIGHT     SEE RTSVC
 3 SSR WCHR KE HK1/S2
          ↓
1/1HONG/KILDONGMR
```

→ 상기 PNR 성명 GILDONG을 KILDONG으로 변경

```
RP/SELK1394Z/
 1.HONG/KILDONGMR
 2  KE 901 M 01MAR 4 ICNCDG DK1  1400 1830  01MAR  E  0 388 LD
    BLOCKSPACE CODESHARE FLIGHT     SEE RTSVC
```

→ 1번 승객의 Spelling이 KIL/DONG으로 변경되고 WCHR 신청도 삭제됨

(2) 유/소아 승객의 삭제 및 수정

❶ 유아 승객을 삭제(소아는 성인승객 삭제절차와 동일)

1/	1번 승객에게 입력된 유아성명 삭제

```
RP/SELK1394Z/
  1.HONG/GILDONGMR(INF/SARANGIMISS/23NOV17)
                          ↓
1/
RP/SELK1394Z/
  1.HONG/GILDONGMR → 유아 성명이 삭제됨
```

❷ 소아 생년월일 변경

"승객번호 / " 뒤에 변경하려는 생년월일을 재입력

2/(CHD/25MAY15)	2번 소아승객의 생년월일 2015년 5월 25일로 변경

```
RP/SELK1394Z/
  1.HONG/GILDONGMR   2.KANG/CHAEYOONMSTR(CHD/16MAY15)
                    ↓
2/(CHD/25MAY12)
RP/SELK1394Z/
  1.HONG/GILDONGMR   2.KANG/CHAEYOONMSTR(CHD/25MAY15)
```

※ 소아의 생년월일 변경은 항공사마다 허용 여부가 상이하므로 항공사 허용 시에만 변경하여야 한다(항공사별 확인 필요).

■ **실습**

1) 가족구성원을 모두 4명으로 입력하되 본인을 어머니가 동반하는 유아로 입력(18년 2월 1일생), 한 명은 소아(남)로 입력(16년 3월 5일생)

2) 위 구성원 중 소아 생년월일 15년 3월 5일로 변경

3) 유아성명 삭제

4) 어머니와 소아 성명 동시 삭제

4 전화번호 입력 : Contact Point Element(HE AP)

전화번호는 PNR의 기본 구성요소 중 하나이므로 반드시 입력해야 한다. 이는 항공편의 출발시간 변경 등과 같이 항공편관련 변경사항 발생 시 항공사에서 연락을 취해야 하므로 반드시 승객과 직접 연락가능한 전화번호를 입력한다.

1) 전화번호 입력 시 주의사항

- 전화번호는 PNR 작성 시 반드시 입력되어야 할 필수 Data이다.
- PNR에는 필요에 따라 2개 이상의 전화번호가 입력될 수 있다.
- PNR완료 후 생성되는 예약번호는 아래 전화번호 항목을 우선 순위로 하여 유사한 번호를 만든다. 따라서 Mobile 번호를 우선 입력한다(APM〉APH〉APB〉AP〉RANDOM).

2) 전화번호 입력 Entry

(1) 기본 형태

여행사 전화번호는 사전에 Office Profile에 번호를 등록해 놓고 기본지시어로 입력하면 저장된 번호가 자동 입력된다.

AP	AP : 전화번호 기본 지시어

```
AP

RP/SELK1394Z/
 1.HONG/GILDONGMR
 2  KE 901 Y 01MAR 4 ICNCDG DK1  1400 1830  01MAR  E  0 388 LD
    BLOCKSPACE CODESHARE FLIGHT      SEE RTSVC
AP SEL 1566-0014 - TOPAS TRAINING UNIVERSITY - A
                → Profile에 저장해놓은 번호와 대리점명이 자동 입력됨
```

(2) 추가 기능

Entry	기 능
AP02-726-1000-A	대리점 전화번호 입력
AP 010-1111-2222-M	모바일 번호 입력
AP TOPAS@TOPAS.NET-E	이메일 주소 입력
AP02-726-3333-H	집 전화번호 입력
AP02-726-4444-B	사무실 번호 입력

(3) 특정승객의 전화번호 입력

AP 02-254-7585-B/P2	2번 승객의 사무실 번호 입력

```
AP 02-254-7585-B/P2

RP/SELK1394Z/
 1.WOO/SEUNGHEEMR   2.JAN/JUNHYOBMR
 3 AP 02-254-7585-B/P2   → 2번 승객의 사무실 전화번호로 반영됨
```

Quick Guide

구분	항목	입력	설명
예약PNR 필수사항입력	전화번호(여행사)	소아 : LEE/SOAMISS(CHD/01JAN12) 유아 : KIM/MIRAMS(INFLEE/YOOAMISS/05JAN18) AP 02-235-4567-A	
	전화번호(사무실)	AP-02-123-4555-B	
	이메일	AP TOPAS@NAVER.COM-E	
여정	Availability 조회	AN1JULSELLAX	1JUL SELLAX예약가능편 조회
		AN1JULSELLAX*20JUL	왕복동시 조회
		AN1MARSELHKG/AKE	항공사 KE로 지정 조회
	좌석예약	SS1Y3	3번 스케줄에 1석 예약
		SS1Y1*9	1번, 9번 스케줄로 왕복 동시 예약
		SS1Y1/PE	1번 스케줄에 1석 대기 예약
		SS1YK2	연결편 동시 예약
	기타입력	SOYYY3MARICNFRA	항공사 미확정
	Rebooking	SBM4	4번 여정 CLS 재예약
		SB2SEP4	4번 여정 출발일 재예약
		SBKE701*3	3번 여정 항공편 재예약

실습문제

※ 아래 조건으로 PNR을 작성하면서 다음 문제에 답하시오.

- 성 명 : 본인, LEE/SORAMS
- 여 정 : 13AUG ICN - PAR(KE)
  19AUG FRA - ICN(KE)
- CLASS : M
- 전화번호 : 02-345-6789

1. 상기 PNR의 여정 1번 다음에 아래 OEPN 여정을 추가하시오.

- 여 정 : PAR-FRA(AF)
- CLASS : Y

2. 1번 승객의 휴대폰번호과 2번 승객의 집번호(02-123-2222)를 입력하시오.

3. 재예약(Rebooking) 지시어를 이용하여 출발일을 15AUG로 변경시오.

4. 상기 PNR의 모든 여정을 취소하는 Entry를 쓰시오.

제5장

예약기록(PNR)의 저장과 조회

1. PNR 작성의 완료(End of Transaction)
   1) PNR 저장 및 조회
   2) 예약번호 지정
   3) PNR 판독
2. PNR 작성 시 Error Message
   1) Name Field의 Error
   2) Itinerary Field의 Error
   3) Fone Field의 Error
3. 예약기록(PNR) 조회
   1) PNR 번호를 이용한 조회
   2) 승객 성명을 이용한 조회
   3) 출발일 및 승객성명을 이용한 조회
   4) 편명, 출발일 및 승객성명을 이용한 조회

제5장

예약기록(PNR)의 저장과 조회

1 PNR 작성의 완료(ET : END OF TRANSCATION)

- PNR 작성을 마치고 나면 Main Computer에 Filing을 하여야 한다.
- Filing이 되기 이전까지는 작업자의 작업장에만 작업을 하던 PNR이 나타나지만 Filing을 마치게 되면 같은 Office ID를 사용하는 직원은 누구나 해당 PNR을 Display해볼 수 있다.
- PNR의 Filing을 "End of Transaction"이라 하며 Filing이 성공적으로 이루어지면 해당 PNR의 Filing 위치를 나타내는 "PNR Address"가 주어진다.

1) PNR 저장 및 조회

(1) 저장(ET)

ET	End Transaction

```
RP/SELK1394Z/
  1.KIM/SARANGMS
  2  KE 017 Y 01NOV 2 ICNLAX DK1  1500 1000  01NOV  E  0 388 DB
  3 AP SEL 1566-0014 - TOPAS TRAINING UNIVERSITY - A
  4 AP 010-1234-2345-M
> ET  → 작업종료 & 저장
RANDOM RESERVATION NUMBER RECOMMENDED:6404-9776
 → 예약번호가 7903-0679로 랜덤으로 부여되었음을 의미
WARNING: KE REQUIRES TICKET ON OR BEFORE 07SEP :1900/S2
  → 2번여정에 대해 9월7일 19시까지 발권할 것을 권유하는 의미
> ET  → 저장                                          승객고지용 예약번호
END OF TRANSACTION COMPLETE - 26YDWF -   KE/7903-0679
                            컴퓨터에 저장되는 예약번호
```

☞ 상기와 같이 End of Transaction이 성공적으로 수행되면 완성된 PNR이 Main Computer에 보관되고 상기 화면에 나타난 PNR은 남은 잔상일 뿐, 화면은 다른 예약을 작성할 수 있는 Clear 상태이다.

만약, PNR에 Error가 있는 경우 Error Response가 나타나고 예약번호가 생성되지 않은 채 작성 중인 상태로 남게 된다.

(2) 저장 후 재조회(ER)

EOT(End Of Transaction) 후에 PNR은 Main Computer에 보관되고 이는 다시 해당 예약번호를 이용하여 조회할 수 있다. 대부분의 경우 PNR을 완성하면서 다시 조회하여 재확인하므로 다음과 같은 지시형식을 사용한다.

※ PNR 자동 소멸시점 : 예약 또는 취소한 항공편 출발 약 4일 후

❶ 최초 PNR 생성 후 재조회

ER	End and Retrieve

```
ER

--- RLR ---
RP/SELK1394Z/SELK1394Z          AA/GS   8DEC15/1010Z   24J28W
7768-1234
 1.PARK/SEUNGTAEMR
 2  KE 657 Y 02FEB 2 ICNBKK HK1  0900 1300  02FEB  E  KE/24J28W
 3  KE 654 K 20FEB 6 BKKICN HK1  0055 0805  20FEB  E  KE/24J28W
 4 APA 031-554-7890 TOPAS TOUR
 5 APM 010-7768-1234
 6 TK OK08DEC/SELK1394Z
 7 OPW SELK1394Z-21DEC:1900/1C7/KE REQUIRES TICKET ON OR BEFORE
        22DEC:1900/S2-3
 8 OPC SELK1394Z-22DEC:1900/1C8/KE CANCELLATION DUE TO NO
        TICKET/S2-3
```

☞ 상기 화면은 EOT를 하고 다시 PNR을 조회한 결과와 같은 것으로 Name Field 위에 Booking Office 및 Date 그리고 예약번호가 나타나 있다.

■Single PNR(TOPAS Sellconnect = Amadeus Altea 사용 항공사 시스템과 동일)

완성된 PNR을 보면 TOPAS Sellconnect PNR과 항공사 PNR이 동일한 번호로 생성되었음을 확인할 수 있다.

■Single PNR의 표현 방식

1A SUA(System User Airline, 예 - KE, AF 등)의 경우 보통 해당 여정 뒤에 항공사 코드와 Slash(/) 그리고 예약번호가 함께 보이는 것이 일반적이지만 일부 항공사의 경우 예약번호 부분이 공란으로 보여지거나 NOSYNC와 같은 형식으로 보여지는 경우도 있다.

```
--- RLR ---
RP/SELK1394Z/SELK1394Z          AA/GS  27JAN16/1331Z    27Q2VM
6668-4270
  1.KIM/MINHOMR
  2  BA 428 Y 01MAR 2 LHRAMS HK1  0650 0915  01MAR  E    BA/NOSYNC
  3 AP SEL 1566-0014 - TOPAS TRAINING UNIVERSITY - A
  4 TK OK27JAN/SELK1394Z
```

대표적으로 BA의 경우 1A SUA임에도 불구하고 NOSYNC로 보이는데 이는 항공사 예약번호가 아니므로 주의해야 한다. 따라서, 1A SUA임에도 불구하고 예약번호가 공란이거나, NOSYNC처럼 보이는 경우는 PNR Header 부분에 있는 1A RLOC로 (27Q2VM) 예약 번호를 안내한다.

- 화면에서처럼 BA는 NOSYNC로 보이므로 BA 예약번호는 27Q2VM로 안내한다.
- 1A SUA 확인 방법

  GGPCAxx (xx : 항공사 코드)

  GGPCABA → ALTEA RESERVATION : YES인 경우 1A SUA임

❷ 추가작업 저장 후 재조회

AP 010-123-4567-M ;ER	승객 전화번호 입력 후 저장과 동시에 재조회

```
--- RLR ---
RP/SELK1394Z/SELK1394Z             AA/GS  30JAN16/0347Z   27V57F
7532-3035
  1.KANG/INSOOMR
  2  KE 703 Y 01SEP 4 ICNNRT HK1  1010 1230  01SEP  E  KE/27V57F
  3 AP SEL 1566-0014 - TOPAS TRAINING UNIVERSITY - A
  4 TK OK30JAN/SELK1394Z
  5 OPW SELK1394Z-12FEB:1900/1C7/KE REQUIRES TICKET ON OR BEFORE
        13FEB:1900/S2
  6 OPC SELK1394Z-13FEB:1900/1C8/KE CANCELLATION DUE TO NO
        TICKET/S2

>AP010-123-4567-M ; ER → 전화번호 입력 후 저장과 동시에 재조회

--- RLR ---
RP/SELK1394Z/SELK1394Z             AA/GS  30JAN16/0348Z   27V57F
7532-3035
  1.KANG/INSOOMR
  2  KE 703 Y 01SEP 4 ICNNRT HK1  1010 1230  01SEP  E  KE/27V57F
  3 AP SEL 1566-0014 - TOPAS TRAINING UNIVERSITY - A
  4 AP 010-123-4567-M
  5 TK OK30JAN/SELK1394Z
  6 OPW SELK1394Z-12FEB:1900/1C7/KE REQUIRES TICKET ON OR BEFORE
        13FEB:1900/S2
  7 OPC SELK1394Z-13FEB:1900/1C8/KE CANCELLATION DUE TO NO
        TICKET/S2
```

전화번호 추가 입력 후 ER한 결과 입력한 번호가 PNR에 반영되면서 즉시 재조회됨

❸ 저장하지 않고 재조회

PNR 작업 중 현재까지 진행된 작업들을 취소하고 원래 상태의 PNR을 다시 본다.

XI	전 여정 취소	IR	Ignore 후 재조회

```
XI
--- RLR ---
RP/SELK1394Z/SELK1394Z            AA/GS   8DEC15/1010Z   24J28W
7768-1234
  1.PARK/SEUNGTAEMR
                              → 전 여정이 취소됨
  2 APA 031-554-7890 TOPAS TOUR
  3 APM 010-7768-1234
  4 TK OK08DEC/SELK1394Z

IR
--- RLR ---
RP/SELK1394Z/SELK1394Z            AA/GS   8DEC15/1010Z   24J28W
7768-1234
  1.PARK/SEUNGTAEMR
  2  KE 657 Y 02FEB 2 ICNBKK HK1  0900 1300  02FEB  E  KE/24J28W
  3  KE 654 K 20FEB 6 BKKICN HK1  0055 0805  20FEB  E  KE/24J28W
                                          → 여정이 다시 복구됨
  4 AP  031-554-7890 TOPAS TOUR  -A
  5 AP  010-7768-1234-M
  6 TK OK08DEC/SELK1394Z
  7 OPW SELK1394Z-21DEC:1900/1C7/KE REQUIRES TICKET ON OR BEFORE
        22DEC:1900/S2-3
  8 OPC SELK1394Z-22DEC:1900/1C8/KE CANCELLATION DUE TO NO
        TICKET/S2-3
```

XI로 전 여정을 취소하였으나 저장하지 않고 IR로 재조회한 결과 여정이 취소되지 않고 PNR에 그대로 남아 있음.

■END/IGNORE 지시어

End Transaction : PNR 완성	
ER	End and Retrieve : PNR 저장과 동시에 재조회
ET	End Transaction : PNR 저장 후 작업종료
Ignore Transaction : PNR 작업 미반영	
IR	Ignore and Retrieve : 추가 작업한 내용 취소와 동시에 재조회(작업 이전 상태의 PNR이 조회됨)
IG	Ignore a PNR : 추가작업한 내용 저장하지 않고 종료
Redisplay Transaction(RT) : PNR 작성 중 현재까지의 작업내용을 정리하여 보여줌	

2) 예약번호 지정

ET로 PNR 저장 시 System이 제시한 예약번호를 사용하지 않고 임의의 번호를 지정하려면 두 번째 ET 시 지정 예약번호를 입력한다.

또한 이미 완료된 예약번호를 고객의 요청에 의해 변경하는 경우도 있다.

(1) PNR 최초 생성 시 지정

PNR 완료단계에서 첫 번째 ET 시 시스템이 제시한 예약번호는 2589-0556이나 5371-8082로 생성하고자 할 때

ET	PNR 저장
RSVN/5371-8082	최초 예약번호를 5371-8082번으로 지정

```
RANDOM RESERVATION NUMBER RECOMMENDED:2589-0556
WARNING: KE REQUIRES TICKET ON OR BEFORE 10FEB:1900/S2

RSVN/53718082   → 예약번호 지정

RP/SELK1394Z/
5371-8082   → System에서 제시한 번호 대신 5371-8082번으로 PNR 생성됨
RF
 1.KIM/INHOMR
 2  KE 901 Y 01JUN 3 ICNCDG DK1  1320 1820  01JUN  E  0 388 LD
   BLOCKSPACE CODESHARE FLIGHT
   NOT ALL SEATS ARE DISPLAYED IN SEAT MAP
   SEE RTSVC
 3 AP SEL 1566-0014 - TOPAS TRAINING UNIVERSITY - A
 4 TK OK27JAN/SELK1394Z
 5OPW SELK1394Z-09FEB:1900/1C7/KE REQUIRES TICKET ON OR BEFORE
       10FEB:1900/S2
 6 OPC SELK1394Z-10FEB:1900/1C8/KE CANCELLATION DUE TO NO
       TICKET/S2
```

(2) 기존 PNR의 번호 변경

이미 예약번호를 부여받은 완성된 PNR도 원하는 예약번호로 변경할 수 있다.

RT53718082	PNR 조회
RSVN/4281-3596	최초 예약번호를 4281-3596번으로 변경

```
RT 5371 8072
--- RLR ---
RP/SELK1394Z/SELK1394Z            AA/GS  27JAN16/1343Z  27Q37J
5371-8082
  1.KIM/INHOMR
  2  KE 901 Y 01JUN 3 ICNCDG HK1  1320 1820  01JUN  E  KE/27Q37J
  3 AP SEL 1566-0014 - TOPAS TRAINING UNIVERSITY - A
  4 TK OK27JAN/SELK1394Z

>RSVN/42813596
--- RLR ---
RP/SELK1394Z/SELK1394Z            AA/GS  27JAN16/1343Z  27Q37J
4281-3596 → 예약번호가 변경됨
  1.KIM/INHOMR
  2  KE 901 Y 01JUN 3 ICNCDG HK1  1320 1820  01JUN  E  KE/27Q37J
  3 AP SEL 1566-0014 - TOPAS TRAINING UNIVERSITY - A
  4 TK OK27JAN/SELK1394Z
```

(3) 변경하고자 하는 예약번호가 이미 사용 중인 경우

❶ Computer에서 부여한 대체예약번호를 제시

```
RSVN/18815530

ARNING-DUPLICATED/RECOMMENDED RESERVATION NUMBER:1881-5531
--- RLR ---
RP/SELK1394Z/SELK1394Z            AA/GS  27JAN16/1343Z  27Q37J
1881-5531
  1.KIM/INHOMR
  2  KE 901 Y 01JUN 3 ICNCDG HK1  1320 1820  01JUN  E  KE/27Q37J
  3 AP SEL 1566-0014 - TOPAS TRAINING UNIVERSITY - A
  4 TK OK27JAN/SELK1394Z
>ET              → 대체번호인 1881-5531로 저장
END OF TRANSACTION COMPLETE - 27Q37J - KE/1881-5531
```

❷ 사용 가능한 번호 조회 방법

가. Standard List 조회

LRN/00000002

→ 해당 번호 기준으로 사용 가능 List 10개 조회

나. Alternative List 조회

LRN/00000002/A

→ 해당 번호 기준으로 사용 가능 List 10개 조회

다. 예약 번호 선택

RN/2

→ 해당 Line 번호 선택

※ 발권 이후에는 예약번호 변경 불가하며, 예약 변경 지시어 입력 시 Error 메시지 표출

RSVN/1234-5678

Warning RESERVATION NUMBER MODIFICATION NOT ALLOWED AFTER TICKETING

3) PNR 판독

```
--- RLR --- ①
RP/SELK1394Z/SELK1394Z ② AA/GS  10FEB16/1615Z ③  28IX5V ④
2016-1905
1.LEE/YOUNGHEEMS ⑤
2 KE 603Y 01JUL 5 ICNHKG HK1 0830 1120 01JUL ⑥ E  KE/28IX5V
3  KE 608 Y 05JUL 2 HKGICN HK1 0055 0520 05JUL  E  KE/28IX5V
4 AP SEL 1566-0014 - TOPAS TRAINING UNIVERSITY - A ⑦
5 TK OK11FEB/SELK1394Z ⑧
6 SSR VGML KE HK1/S2⑨
7 SSR VGML KE HK1/S3
8 OPW SELK1394Z-24FEB:1900/1C7/KE REQUIRES TICKET ON OR
  BEFORE    5FEB:1900/S2-3⑩
9 OPC SELK1394Z-25FEB:1900/1C8/KE CANCELLATION DUE TO NO
        TICKET/S2-3
```

--- RLR --- ①	PNR Header (RLR : Record Locator Return)
RP/SELK1394Z/SELK1394Z ②	Office ID
AA/GS 10FEB16/1615Z ③	Agent Sign/Duty Sign, 예약작성 또는 최종 업데이트한 날짜 및 시간
28IX5V ④	예약번호
1.LEE/YOUNGHEEMS ⑤	승객성명
KE 603Y01JULICNHKG.....⑥	여정
AP SEL 1566-0014.....⑦	전화번호
TK OK11FEB/SELK1394Z ⑧	항공권 발권시한 TKOK : 즉시 발권(PNR 완성 시 자동 생성) TKTL1JUN/1300 : 발권일자 및 시간지정으로 TL날짜가 지나면 SEG는 유지되며 Q8번으로 보내짐 TKXL TL 시간이 지나면 SEG는 취소되며, 기간 내 발권하면 TKOK로 변경됨
SSR VGML KE HK1/S2⑨	SSR사항으로 2번 여정에 채식기내식 요청

OPW SELK1394Z-24FEB...⑩	Q Option Indicator OPW : Optional Warning Element(권고) OPC : Optional Cancellation Element(취소예정통보) ※ KE 경우 PNR작성 완료 후 저장하면 OPW, OPC항목이 자동 생성됨

2 PNR 작성 시 Error Message

PNR 작성 시 지정된 형식대로 입력하지 않으면 마지막 ET를 입력하여도 PNR 번호가 생성되지 않고 잘못된 형식에 대한 Error 응답이 나타나므로 이 Error를 수정하고 다시 ET를 해야 PNR을 완성할 수 있다.

만약 Error를 수정하지 않고 다시 한번 ET를 하는 경우 PNR은 완성되지 않는다.

ERROR RESPONSE	원 인
NEED TICKETING ARRANGEMENT FOR SEGMENT	예약 변경 시 Ticket Arrangement가 미입력되어 있는 경우 표출 조치사항 : Ticket Arrangement 입력(TKOK or TKTL 입력)
NEED PASSENGER/SEGMENT ASSOC	승객 수와 좌석 수가 일치하지 않는 경우 표출 조치사항 : 승객 수와 좌석 수를 일치시키거나 NHP를 이용하여 PNR을 분리
PLZ DELETE SK SSRX/SSTX-REAPPLY SSR/SEAT-REFER TO HISTORY	여정 변경 시 기존 여정에 SR이 입력되어 있는 경우 표출 조치사항 : 기존 SR 사항(SSRX/SSTX) 삭제 후 재입력
CHECK SEGMENT CONTINUITY-SEGMENT	여정의 연속성이 맞지 않는 경우 조치사항 : ARNK를 입력하거나 한번 더 저장(ER)한다.
CHECK OSI/SSR STATUS CODE	SSR/OSI가 최종 상태 Code로 되어 있지 않은 경우 표출 조치사항 : ERK 또는 ETK를 이용하여 최종 상태 Code로 변경

ERROR RESPONSE	원 인
RESTRICTED/NEED GROUP FARE	Group Fare 미입력 시 표출 조치사항 : SR GRPF yy-GV10 (yy : 항공사 Code)
SECURE FLY PASSENGER DATA REQUIRED FOR TICKETING PAX	APIS 미입력 시 표출 조치사항 : APIS 입력(DOCS/DOCA/DOCO 입력)

1) Name Field의 Error

(1) 승객 수와 좌석 수가 일치하지 않는 경우

PNR에 입력된 승객 수와 요청 좌석 수는 같아야 PNR이 완성되나 아래의 경우처럼 2명을 입력하고 3번 SEG KE901편 한 석을 예약하여 NEED PASSENGER/SEGMENT ASSOC 응답과 함께 PNR이 완성되지 않았다. 그러므로 승객 수와 좌석 수를 같게 수정해야 한다.

```
RP/SELK1394Z/
  1.PARK/SEUNGTAEMR   2.CHO/INSUNGMR
  3  KE 603 K 15JUN 3 ICNHKG DK1  0830 1120  15JUN  E  0 333 B
     SEE RTSVC
  5 APA 031-554-1234 TOPAS TOUR
  6 APM 010-7768-1234/P1
> ET
NEED PASSENGER/SEGMENT ASSOC.
```

3/2 → 3번 Seg 좌석 수를 2석으로 변경

```
RP/SELK1394Z/
  1.PARK/SEUNGTAEMR   2.CHO/INSUNGMR
  3  KE 603 K 15JUN 3 ICNHKG DK2  0830 1120  15JUN  E  0 333 B
     SEE RTSVC
  5 APA 031-554-1234 TOPAS TOUR
  6 APM 010-7768-1234/P1
```

해결방법 : SEG3번의 요청좌석 수의 수를 2석으로 재예약한다(3/2).

2) Itineray Field의 Error

(1) 여정의 연속성이 맞지 않는 경우

여정은 도착지와 다음 SEG의 출발지가 같아야 하는데 아래 여정은 HKG에 도착하여 MNL에서 출발하는 편으로 예약되어 CHECK SEGMENT CONTINUITY 응답과 함께 PNR이 바로 완성되지 않고 Warning Message를 보여준다.

```
1.KIM/SARANGMS
  2  KE 603 P 01NOV 2 ICNHKG DK1  0825 1120  01NOV  E  0 333 B
  3  KE 622 Y 05NOV 6 MNLICN DK1  1230 1720  05NOV  E  0 773 L

> AP;ER
WARNING: CHECK SEGMENT CONTINUITY - SEGMENT 2/3
```

해결방법 : SEG2와 SEG3 사이에 ARANK 구간을 예약한다(SIARNK).

3) Fone Field의 Error

(1) PNR에 전화번호가 없는 경우

PNR의 필수요소인 성명, 여정, 전화번호 중 전화번호가 입력되지 않아 NEED PHONE 응답과 함께 PNR이 완성되지 않았다.

```
RP/SELK1394Z/
  1.PARK/SEUNGTAEMR   2.CHO/INSUNGMR
  3  KE 603 Y 14DEC 1 ICNHKG DK2  0825 1120  14DEC  E  0 772 B
  4  KE 608 Y 28DEC 1 HKGICN DK2  0055 0520  28DEC  E  0 74H M

> ET

NEED TELEPHONE
RANDOM RESERVATION NUMBER RECOMMENDED:9807-6738
```

해결방법 : 전화번호를 입력한다(AP 02-000-0000).

3 예약기록(PNR) 조회

완성된 예약기록은 Main Computer에 보관되어 있다가 여정의 변경, 취소 또는 예약 재확인 등 승객의 다양한 요청에 의해 찾아보게 된다. PNR을 찾을 때 가장 보편적이고 간단한 방법은 예약번호로 조회하는 것이나 그 외 스케줄이나 항공편명, SKYPASS 번호 이용 등의 다양한 방법을 통해서도 예약기록을 조회할 수 있다.

Entry	설 명
RT6UYHAT	PNR 번호 이용
RT/HONG/GILDONG	승객성명 이용
RT/KANG/S	승객성명 일부 이용
RT/10DEC-KANG	출발일과 승객성명 이용한 조회
RTKE621-YU/JAESEOK	항공편명과 성명 이용
RTKE621/10DEC-LEE	비행편+출발일+승객이름을 이용한 조회
RT1	유사명단 출력 후, 조회하고자 하는 목록 번호 입력하여 조회
RT0 (숫자0)	유사 명단으로 되돌아가기
RL	해당 항공사 PNR 번호 조회(PNR Display 상태에서)
RTPP	가장 마지막에 File된 PNR 재조회

1) PNR 번호를 이용한 조회

예약번호를 알고 있을 때 바로 조회할 수 있는 방법이다.

RT9807-6738	9807-6738번 PNR 조회

```
RT9807-6738
--- RLR ---
RP/SELK1394Z/SELK1394Z             AA/GS  8DEC15/1243Z  24KBZW
9807-6738
 1.PARK/SEUNGTAEMR  2.CHO/INSUNGMR
 3  KE 603 Y 14DEC 1 ICNHKG HK2  0825 1120  14DEC  E  KE/24KBZW
 4  KE 608 Y 28DEC 1 HKGICN HK2  0055 0520  28DEC  E  KE/24KBZW
 5 APA 031-554-1234 TOPAS TOUR
 6 APM 010-7768-1234/P1
 7 TK OK08DEC/SELK1394Z
 8 OPW SELK1394Z-08DEC:1900/1C7/KE REQUIRES TICKET ON OR BEFORE
       09DEC:1900/S3-4
 9 OPC SELK1394Z-09DEC:1900/1C8/KE CANCELLATION DUE TO NO
       TICKET/S3-4
```

2) 승객성명을 이용한 조회

(1) 전체 성명으로 조회

전체 성명으로 조회 시 해당 승객의 여정이 기록된 PNR이 모두 조회되며, 이 기록은 승객 한명의 기록일 수도 있고 동명이인의 기록일 수도 있으므로 찾고자 하는 승객 PNR의 출발일자와 구간을 확인하여 해당 Line 번호로 재조회한다.

RT/PARK/SEUNGTAE	→	RT2
PARK/SEUNGTAE 승객명으로 조회		2번 KE657편에 예약된 승객 PNR 조회

```
RT/PARK/SEUNGTAE

RT/PARK/SEUNGTAE
 1 PARK/SEUNGTAEMR    KE 603 Y 14DEC ICNHKG  2 24KBZW
 2 PARK/SEUNGTAEMR    KE 657 Y 02FEB ICNBKK  1 24J28W
 3 PARK/SEUNGTAEMR    SQ 607 Y 14FEB ICNSIN  1 2378N5
 4 PARK/SEUNGTAEMR    SQ 607 Y 14FEB ICNSIN  1 238B58
 5 PARK/SEUNGTAEMR    KE 901 G 01MAR ICNCDG 15 2379AQ
 6 PARK/SEUNGTAEMR    AF 264 Y 10MAR CDGICN  1 23MNAN
 7 PARK/SEUNGTAEMR    TG 659 Y 15MAR ICNBKK  1 23MP5E
 8 PARK/SEUNGTAEMR    AF 267 Y 27APR ICNCDG  3 226Y6I
 9 PARK/SEUNGTAEMR    NO ACTIVE ITINERARY      2Z3SVR
10 PARK/SEUNGTAEMR    NO ACTIVE ITINERARY      23MQPY
```

동명이인의 예약기록이 다양한 편명에 예약되어 있음을 확인할 수 있다.

(2) 부분 성명으로 조회

승객성명의 Spelling을 정확히 모를 때, 성명의 일부만 입력하면 유사 명단이 조회되므로 해당 명단에서 선택 조회한다.

RT/PARK/SO	→	RT1
PARK/SO로 시작되는 승객명단 조회		1번 PARK/SOMI승객 PNR 조회

```
RT/PARK/S

RT/PARK/S
 1 PARK/SOMIMS          KE 723 G 20JAN ICNKIX 20 23U68M
 2 PARK/SOONJAMS        KE 723 G 20JAN ICNKIX 14 23U7HA
 3 PARK/SOONYOUNGMS     KE 723 G 20JAN ICNKIX 18 24GPVN
```

3) 출발일 및 승객성명을 이용한 조회

출발일과 승객성명 전체 또는 일부를 입력하여 조회할 수 있다.

RT/15NOV-KIM	→	RT4
15NOV출발하는 KIM씨 성의 승객 명단 조회		4번 KIM/JUEUN 승객 PNR 조회

RT/15NOV-KIM

```
RT/15NOV-KIM
 1 KIM/AAMR          KE 657 G 15NOV ICNBKK 15 249TR6
 2 KIM/BIBIMR        KE 902 G 15NOV CDGICN 15 23UREE
 3 KIM/HYOJOOMS      KE 121 G 15NOV ICNSYD 20 237PE3
 4 KIM/JIEUNMS       KE 638 H 15NOV HKTICN  2 24LVO2
 5 KIM/JINAMS        KE 638 H 15NOV HKTICN  2 24LVW8
```

4) 편명, 출발일 및 승객성명을 이용한 조회

편명, 출발일, 승객명을 모두 입력하여 조회하면 해당PNR이 바로 조회된다.

```
RTOZ172/15NOV-KIM/TANMSTR
```

```
RP/SELK1394Z/SELK1394Z            AA/GS 17DEC15/1318Z  25EM8D
3220-2020
 1.KIM/TANMSTR(CHD/05MAY08)
 2  OZ 172 Y 15NOV 2 ICNOKA HK1  0940 1155  15NOV  E  OZ/25EM8D
 3  OZ 171 Y 30NOV 3 OKAICN HK1  1300 1520  30NOV  E  OZ/25EM8D
 4 AP 063-220-2020 JJTOUR
 5 TK OK17DEC/SELK1394Z
 6 SSR CHLD OZ HK1 05MAY08
```

Quick Guide

PNR 저장	EOT	ET ER	현재까지 입력한 작업 내용 저장 저장 후 PNR Redisplay
작업취소	Ignore	IG IR	새로 작업한 내용 취소 작업 취소 후 PNR Redisplay
예약번호 변경		RSVN/1234-5678	시스템이 배정하는 번호를 사용하지 않고 임의 지정
PNR 조회		RT1234-5678 RT/KIM/INHOMR RT/KIM/I RT/1MAR-HONG RTKE901/1MAR-KIM/INHOMR	예약번호로 조회 승객명으로 조회 승객명 일부로 조회 출발일과 승객명으로 조회 편명, 출발일, 승객명으로 조회

실습문제

1. 다음 PNR을 보고 물음에 답하시오.

```
--- RLR ---
RP/SELK1394Z/SELK1394Z     AA/SU  24JAN18/1249Z  KNBIDS
8915-5391
  1.KIM/SARANGMS
  2  KE 121 Y 01MAY 2 ICNSYD HK1  1845 0615  02MAY  E  KE/KNBIDS
  3  KE 122 Y 05MAY 6 SYDICN HK1  0745 1745  05MAY  E  KE/KNBIDS
  4 AP SEL 1566-0014 - TOPAS TRAINING UNIVERSITY - A
  5 TK OK24JAN/SELK1394Z
  6 OPW SELK1394Z-06FEB:1900/1C7/KE REQUIRES TICKET ON OR BEFORE
       07FEB:1900/S2-3
  7 OPC SELK1394Z-07FEB:1900/1C8/KE CANCELLATION DUE TO NO
       TICKET/S2-3
```

1) 예약번호를 310-1234로 변경하기 위한 지시어를 쓰시오.

2) 상기PNR의 여정에 대해 발권하지 않으면 취소되는 날짜와 시간을 쓰시오.

3) 승객의 휴대폰 번호를 010-123-2424로 입력하시오.

4) 2번 여정을 4월 30일로 변경하시오.

5) 상기 PNR의 예약번호 2개를 모두 쓰시오.

2. 아래 LIST에서 3번 KIM/AROM 승객의 PNR을 조회하는 지시어를 쓰시오

```
RT/1NOV-KIM
 1 KIM/AHREUMMS      KE  643  E  01NOV  ICNSIN  1 263DB2
 2 KIM/AHREUMMS      KE  643  E  01NOV  ICNSIN  1 27EC9A
 3 KIM/AROMMS        KE  643  E  01NOV  ICNSIN  1 27CI9N
```

3. KE017편에 5월 1일에 예약된 KIM/MIJA 승객의 예약기록을 찾는 지시어를 쓰시오.

제6장

예약기록(PNR)의 기타 구성 요소

1. 서비스 사항(Optional Element)
   1) 용도
   2) 서비스 사항의 구분(OSI/SSR)
   3) APIS(Advanced Passenger Information System)
   4) FQTV(Frequent Flyer Information)
2. Ticket Arrangement Element
   1) Ticket Arrangement Element 입력방법
3. Remarks Element
   1) 용도
   2) 유형별 특징
   3) 입력방법
4. Received From Element

제6장

예약기록(PNR)의 기타 구성 요소

■PNR의 기타 구성요소란?

필수요소 중 세 가지(전화번호, 여정, 성명)를 제외한 나머지 선택항목을 말한다.

항목	Elements	용 도	입력 Entry
선택항목	OS	항공사 전송 각종 INFO	OS KE CEO OF 1A
	SR	여정관련 서비스 요청사항(Meal 등)	SR VGML
	Ticket Arrangement	여행사 TKT 발권 시한 등	TKTL07NOV TKXL07NOV TKOK
	Renarks	직원 간 업무를 위한 Message 전달	RM RC RX
	Received from	예약 신청자, 변경 의뢰자	RF PSGR

1 서비스 사항(Optional Element)

1) 용도

예약된 여정과 관련하여 승객의 제반 요구사항이나 승객에 대한 정보를 입력하여, 관련 공항 및 각 항공사에 보내 그에 따른 업무연락 기능을 한다.

예를 들어 승객이 야채식을 신청하거나, 휠체어를 필요로 한다든지, 어린이의 단독 여행, 애완견동반 등과 같은 정보들은 관련된 모든 항공사들이 알아야 하며 경우에 따라 필요 사항을 준비해야 한다.

Booking Airline은 상기와 같은 사항을 PNR에 정확한 형식을 사용하여 기록함으로써 관련 항공사의 운송 준비에 차질이 없도록 해야 한다.

2) 서비스 사항의 구분(SSR/OSI)

(1) OSI : Other Service Information(HE OS) - 참고사항

승객에 관련된 Information의 전달만을 필요로 하고 응답이 필요 없는 경우로서, PNR에 OSI사항으로 입력된다.

예) 승객은 VIP로 대기업 CEO인 경우, 예약자 또는 Booking Airline이 이를 각 항공사에 알려주면 각 항공사에서는 자체적인 Procedure를 통해 준비를 하게 된다.

OS KE CEO OF KOREAN AIR /P1

OS : 기본 지시어
KE : 항공사 코드
CEO OF KOREANAIR : 승객정보
/P1 : 해당 승객 번호

(2) SSR : Special Service Request(HE SR) - 승객 요청사항

승객의 요청사항이 각각의 항공사에게 준비를 필요로 하는 것으로 예약자는 이를 PNR에 반영하고 각각의 항공사들로부터 응답을 받아야 한다.

❶ Keyword

IATA에서는 승객이 항공사에 요청하는 사항을 분류하고, 이를 정해진 코드를 만들어 입력형태를 표준화해 놓고 있으며, 항공사의 필요에 의해 자체적으로 만들어 사용하는 Keyword도 있다(아래 표 KE ONLY항목의 예).

■ Keyword 확인 지시어

HE SSR → MS463

NO	IATA 표준	Code	Decode
1	IATA	ADTK	Advise if Ticketed
2	IATA	AUTK	Authorise PNR for Ticketing
3	IATA	AVIH	Animal in Hold
4	IATA	BBML	Baby Meal
5	IATA	BLND	Blind Passenger
6	IATA	BSCT	Bassinet/Baby Basket
7	IATA	CBBG	Cabin Baggage
8	IATA	CHLD	Child
9	IATA	CHML	Child Meal
10	IATA	CKIN	Provide Information for Airport Staff
11	IATA	DBML	Diabetic Meal
12	IATA	DEAF	Deaf Passenger
13	IATA	ESAN	Emotional Support Assistance Animals
14	IATA	EXST	Extra Seat
15	IATA	FQTV	Frequent Traveller Mileage Program
16	IATA	FRAV	First Available
17	IATA	GPST	Group Seat Request
18	IATA	GRPF	Group Fare Data
19	IATA	GRPS	Passenger Travelling Together
20	IATA	INFT	Infant Indicator Keyword
21	IATA	MEDA	Medical case
22	IATA	NSSA	No Smoking Aisle Seat

NO	IATA 표준	Code	Decode
23	IATA	NSSB	No Smoking Bulkhead Seat
24	IATA	NSSW	No Smoking Window Seat
25	IATA	OTHS	Requires Action
26	IATA	PETC	Animal in Cabin
27	IATA	PSPT	Passport Information
28	IATA	RQST	Seat Request
29	IATA	SEAT	Seat Request
30	IATA	SEMN	Seaman-Ship' s Crew
31	IATA	SFML	Sea Food Meal
32	IATA	STCR	Stretcher Passenger
33	IATA	TKTL	Ticketing Time Limit
34	IATA	TWOV	Transit/Transfer without Visa
35	IATA	UMNR	Unaccompanied Minor
36	IATA	WCHR	Wheelchair Ramp
37	IATA	XBAG	Excess Baggage AUTH

NO	KE Only	Code	Decode
38	KE	CBBL	CBBG Block Seat
39	KE	EXBL	EXST Block Seat
40	KE	FMLY	Family Care Service
41	KE	IFML	Baby Meal
42	KE	NOCM	유/소아식 미신청인 경우
43	KE	NOSM	No Special Meal
44	KE	STPC	Layover at Carrier' s Cost
45	KE	TKNE*	TKT NBR Generated by Electronic Ticketing
46	KE	VGML	Vegetarian Vegan Meal

❷ SSR 입력

가. 전체 승객, 전체 여정 요청

SR VGML

SR : SSR 기본 지시어

VGML : 채식 Meal Code

```
SRVGML
--- RLR ---
RP/SELK1394Z/SELK1394Z            AA/GS  20JAN16/0258Z   2656F4
3382-2581
  1.KIM/INSOOMR   2.KIM/EUNHEEMS
  3  KE 603 Y 01NOV 2 ICNHKG HK2  0825 1120  01NOV  E  KE/2656F4
  4  KE 608 Y 05NOV 6 HKGICN HK2  0055 0520  05NOV  E  KE/2656F4
  5 AP SEL 1566-0014 - TOPAS TRAINING UNIVERSITY - A
  6 TK OK20JAN/SELK1394Z
  7 SSR VGML KE HK2/S3    → 3, 4번 전체 여정에 승객 2명에 대한 VGML이 모두 신청됨
  8 SSR VGML KE HK2/S4
```

나. 특정 승객, 전체 여정에 요청

SR VGML / P1	SR : SSR 기본 지시어 VGML : 야채식 Meal Code /P1 : Meal 신청 승객 번호

```
SRVGML/P1
--- RLR ---
RP/SELK1394Z/SELK1394Z            AA/GS  20JAN16/0310Z   2656F4
3382-2581
  1.KIM/INSOOMR   2.KIM/EUNHEEMS
  3  KE 603 Y 01NOV 2 ICNHKG HK2  0825 1120  01NOV  E  KE/2656F4
  4  KE 608 Y 05NOV 6 HKGICN HK2  0055 0520  05NOV  E  KE/2656F4
  5 AP SEL 1566-0014 - TOPAS TRAINING UNIVERSITY - A
  6 TK OK20JAN/SELK1394Z
  7 SSR VGML KE HK1/S3/P1    → 1번 승객의 3번, 4번 전 여정에 VGML 신청됨
  8 SSR VGML KE HK1/S4/P1
```

다. 소아식 입력(햄버거 신청)

SR CHML-HAMBURGER/P2

SR : SSR 기본 지시어

CHML : 소아식 KEYWORD

/P2 : 2번 승객

SRCHML-HAMBURGER/P2 → 2번 승객에게 소아식으로 햄버거 신청

```
--- RLR ---
RP/SELK1394Z/SELK1394Z          AA/GS 20JAN16/0315Z  2656S9
7408-8946
 1.KIM/INSOOMR  2.KIM/SOAHMSTR(CHD/01MAR13)
 3  KE 705 Y 01SEP 4 ICNNRT HK2  1835 2055  01SEP  E  KE/2656S9
 4 AP SEL 1566-0014 - TOPAS TRAINING UNIVERSITY - A
 5 TK OK20JAN/SELK1394Z
 6 SSR CHLD KE HK1 01MAR13/P2
 7 SSR CHML KE HN1 HAMBURGER/S3/P2
```

7 SSR CHML KE HN1 HAMBURGER/S3/P2 → 2번 승객 3번 여정에 햄버거 신청됨

■ **대한한공 소아식 종류**

구 분	한 글	영 문
HOT MEAL	햄버거	HAMBURGER
	스파게티	SPAGHETTI
	오므라이스	FRIED RICE/EGG
	돈가스	PORK CUTLET
해외출발편 HOT MEAL	피자	PIZZA
	핫도그	HOT DOG
COLD MEAL	샌드위치	SANDWICH
	김밥	SEAWEED ROLL

라. 유아식 신청

유아는 좌석을 점유하지 않으므로 동반보호자에게 유아식을 신청해야 한다. 일부 항공사의 경우 유아가 있는 경우 반드시 유아식을 신청하여야만 PNR 저장이 가능하다.

```
SR BBML/S3/P1
```

BBML : 유아식 Keyword(항공사별로 Keyword가 다를 수 있음)

S3 : Segment 번호

P1 : 동반자 승객번호

마. 일부 여정에만 기내식 입력

KE 경우 일부 Segment에만 Special Meal 입력 후 저장하면 "NEED SPECIAL MEAL FOR~"라는 Error Message가 표출된다.

이 경우 Special Meal이 없는 Segment에 대해 "NOSM"(No Special Meal), 유소아의 경우 "NOCM"(No Child Meal)을 신청해야 한다.

예) 2번 여정에 야채식을 신청하고 3번 여정은 특별식 신청을 하지 않는 경우

```
SR VGML/S2
```

SR : SSR 기본 지시어

VGML : 채식 KEYWORD

/S2 : 2번 여정

```
SR NOSM/S3
```

SR : SSR 기본 지시어

NOSM : No Special Meal Keyword

/S3 : 3번 여정

```
SRVGML/S2         → 출발여정(Seg2)에 대하여만 Special Meal(VGML) 신청

RP/SELK1394Z/
 1.KIM/INSOOMR
 2  KE 643 M 03SEP 6 ICNSIN DK1  1420 1930  03SEP  E  0 773 M
    SEE RTSVC
 3  KE 644 M 07SEP 3 SINICN DK1  2235 0555  08SEP  E  0 773 D
    SEE RTSVC
 4 AP SEL 1566-0014 - TOPAS TRAINING UNIVERSITY - A
 5 SSR VGML KE HK1/S2    → 출발여정(Seg2)에 대하여만 VGML이 신청됨

 > ET
 NEED SPECIAL MEAL FOR/S3/P1  → 돌아오는 여정(Seg3)에 대해 Special Meal이 필요
```

상기승객의 3번 여정에 대해 Special Meal을 신청하지 않음을 입력한다.

```
SRNOSM/S3     → 3번 Seg에 NOSM 입력

--- RLR ---
RP/SELK1394Z/SELK1394Z             AA/GS  20JAN16/0416Z   2656S9
7408-8946
RF
 1.KIM/INSOOMR
 2  KE 705 Y 01SEP 4 ICNNRT HK1  1835 2055  01SEP  E  KE/2656S9
 3  KE 704 Y 03SEP 6 NRTICN DK1  1355 1620  03SEP  E  0 77W D
    SEE RTSVC
 4 AP SEL 1566-0014 - TOPAS TRAINING UNIVERSITY - A
 5 TK OK20JAN/SELK1394Z
 6 SSR VGML KE HK1/S2           → 2번 Seg에 VGML 신청됨
 7 SSR NOSM KE HK1/S3           → 3번 Seg에 NOSM 입력됨
 8 OPW SELK1394Z-02FEB:1900/1C7/KE REQUIRES TICKET ON OR BEFORE
         03FEB:1900/S2-3
 9 OPC SELK1394Z-03FEB:1900/1C8/KE CANCELLATION DUE TO NO
         TICKET/S2-3

> ET                                   → Error Message없이 저장됨
END OF TRANSACTION COMPLETE - 2656S9 - KE/7408-8946
```

■ **실습**

1. 다음 예약을 완성 후 아래 서비스를 요청해 보시오.

> 성명 : KIM/SANGHOMR, KIM/AGIMSTR(25JAN18),
> KIM/SOAMISS (01JAN13)
> 여정 : 10월 1일 SELPAR KE901편 M Class
> 10월 15일 PARSEL KE902편 M Class

1) KIM/SANGHO 승객은 서울시장(Mayor of Seoul) 임을 입력
2) KIM/SANGHO 승객 Seafood Meal 신청
3) KIM/AGI 승객 Baby Meal 신청
4) KIM/SOA 승객 스파게티 신청

3) APIS(Advanced Passenger Information System)

APIS란 사전입국 심사로, 모든 승객의 여권정보를 PNR에 입력하면 해당 항공사에서 관련 국가에 사전 통보하여 해당 국가 도착 시 승객이 보다 신속하게 입국 심사를 받을 수 있는 제도이다.

■ **EBS APIS(Enhanced Border Advanced Passenger Information System)**

좀 더 강화된 APIS 규정으로 도착도시가 미국인 경우 APIS 정보와 미국 내 첫 번째 도착지 주소정보를 입력해야 한다. 미국 시민권자인 경우 비자 정보도 추가적으로 입력해야 한다.

```
SR DOCS-P-KR-M11112222-KR-18DEC63-M-19MAR20-KIM-INSOO/P1
```

P : 여권 Type Code	KR : 여권 발행국
M111112222 : 여권번호	KR : 국적
18DEC63 : 생년월일	M : 성별 (여자는 F)
19MAR20 : 여권만료일	KIM-INSOO : 성명
/P1 : PNR의 1번 승객	

```
SRDOCS-P-KR-M11112222-KR-18DEC63-M-19MAR20-KIM-INSOO/P1

--- RLR ---
RP/SELK1394Z/SELK1394Z            AA/GS  20JAN16/0418Z   2656S9
7408-8946
  1.KIM/INSOOMR
  2  KE 705 Y 01SEP 4 ICNNRT HK1  1835 2055  01SEP  E  KE/2656S9
  3  KE 704 Y 03SEP 6 NRTICN HK1  1355 1620  03SEP  E  KE/2656S9
  4 AP SEL 1566-0014 - TOPAS TRAINING UNIVERSITY - A
  5 TK OK20JAN/SELK1394Z
  6 SSR DOCS KE HK1 P/KR/M11112222/KR/18DEC63/M/19MAR20/KIM/INSOO
    → 입력한 여권정보가 SSR 사항에 반영됨
```

DOCS	SR DOCS-P-KR-M11112222-KR-18DEC63-M-19MAR20-KIM-INSOO	P : 여권 Type Code KR : 여권 발행국 M111112222 : 여권번호 KR : 국적 18DEC63 : 생년월일 M : 성별 (여자는 F) 19MAR20 : 여권만료일 KIM-INSOO : 성명
INF DOCS	SR DOCS-P-KR-M22223333-KR-12JAN16-M-19MAR20-KIM-AGI	INF 여권번호
DOCA	SR DOCA KE HK1-D-USA-120PARK AVENUE-LOS ANGELES ?LA-12345/P1/S2	미국 내 첫 번째 도착 도시 주소
DOCO	SR DOCO BA HK1-MANCHESTER GBR-V-17317323-LONDON GBR-18JUN04-USA-I-P1/S3	비자정보

4) FQTV(Frequent Flyer Information)

항공사 마일리지 카드 회원 번호 입력 기능으로서, PNR에 해당 번호를 입력해 놓으면 Check-in 시 탑승 마일리지가 자동 누적되는 기능이다.

■FQTV 지시어

지시어	기 능
FFAAF-1234567	항공사에서 FQTV 정보를 제공하는 경우 마일리지 회원번호 입력 기능으로 FQTV와 승객명이 자동 입력된다.
FFNAC-1233344	항공사에서 FQTV 정보를 제공하지 않는 경우 마일리지 회원번호를 입력하는 지시어로 승객성명 입력 후 FFN을 입력한다.
FFNAA-1233344, BA	탑승항공사와 회원 가입 항공사가 다른 경우 입력지시어 (AA : 가입항공사 , BA : 탑승 항공사)
FFDBA-1234567	마일리지 카드 조회
VFFD KE	특정 항공사 KE와 마일리지 제휴 항공사 리스트 조회

(1) 마일리지카드 조회

```
FFD6X-1234567
```

```
FFD6X-1234567

1234567
MARSHALL/DAVID MR
EMERALD      → 6X 항공사 카드 번호의 승객명이 조회됨
```

(2) 회원번호 입력

❶ 항공사에서 FQTV정보를 제공하지 않는 회원번호 입력

```
FFNUA-1234567
```

```
FFNUA-1234567
--- RLR ---
RP/SELK1394Z/SELK1394Z             AA/GS  20JAN16/0418Z   2656S9
7408-8946
 1.KIM/INSOOMR
 2  KE 705 Y 01SEP 4 ICNNRT HK1  1835 2055  01SEP  E  KE/2656S9
 3  UA 079 Y 05SEP 1 NRTICN DK1  1755 2045  05SEP  E   XYZ
    ADV PAX FLT DEPARTS TERMINAL-1
     BUSINESSFIRST OFFERED THIS FLIGHT
 4 AP SEL 1566-0014 - TOPAS TRAINING UNIVERSITY - A
 5 TK OK20JAN/SELK1394Z
 6 SSR FQTV UA HK/ UA1234567      → UA항공사 회원카드 번호가 입력됨
```

❷ 항공사에서 FQTV 정보를 제공하는 회원번호 입력

FFA6X-1234567	FFA : 기본지시어 6X : 항공사 1234567 : 마일리지 카드번호

```
RP/SELK1394Z/SELK1394Z
 1. MARSHALL/DAVIDMR
 2.*SSR FQTV YY HK/ 6X1234567
```

❸ 탑승 항공사와 마일리지 가입항공사가 다른 경우 회원번호 입력

FFNAA-1233344, UA	회원가입 항공사 : AA, 탑승항공사 : UA

```
RP/SELK1394Z/SELK1394Z              AA/GS  20JAN16/0418Z   2656S9
7408-8946
1.KIM/INSOOMR
2  UA 079 Y 05SEP 1 NRTICN DK1  1755 2045  05SEP  E
3 AP SEL 1566-0014 - TOPAS TRAINING UNIVERSITY - A
4 TK OK20JAN/SELK1394Z
6 SSR FQTV AA HK/ UA1234567   → AA항공사 회원이나 UA를 탑승하는경우
```

(3) 특정항공사와 마일리지 제휴된 항공사 리스트 조회

```
VFFDKE
```

```
FF AGREEMENTS                          KE AGREEMENTS: 030
-----------------------------------------------------------------
KE.  / AA. AE. AF. AM. AR. AS. AZ. CI. CZ. DL. EK. EY. FM. GA.
    G3. HA. HV. KL. KQ. ME. MF. MU. NW. OK. RO. SU. SV. UX.
    VE. VN.
```

항공편 재예약에 따른 SSR Element 처리 방법

예약 변경 시 기존 구간에 연결되어 있던 SSR(Special Service Request)은 새로운 예약에 자동으로 재요청되어 추가 작업이 필요 없으나, 항공사별 정책에 따라 재요청되지 않고 Reject되는 경우가 발생한다.

■재요청되지 않은 경우 : SSR이 확약되지 않았거나, 예약 변경 시 자동 재요청을 허락하지 않은 SSR 항목인 경우 PNR상에 SK 항목이 생성되며, 별도의 조치가 필요하다.

```
SK SSRX KE SSRS NOT ALL  REQUESTED/
  CONFIRMED - PLZ TAKE ACTION
SK SSTX KE SEATS NOT ALL  REQUESTED/
  CONFIRMED - PLZ TAKE ACTION
```

■해결방법 : SK 항목을 라인번호로 삭제한 뒤 SSR 재요청 작업을 수행한다.
(XE13 → SR 지시어로 재요청 필요)

2 Ticket Arrangement Element

1) Ticket Arrangement Element 입력방법

항공권 구입 예정 시기 입력에 관한 Element로 아래와 같이 3가지 입력방법이 있다.

(1) TKTL

여행사 자체 TKT 발권 권고 시한으로 발권 권고 시한 지난 후에도 예약취소는 되지 않고, 8번 Q로 자동 전송되며, 발권 이후 TKOK로 변경된다.

```
TKTL10FEB/1700
```

TK : Ticketing Arrangement 기본 지시어

TL : Ticketing ArrangementIndicator (Ticket Limit)

10FEB/1700 : 여행사 발권 시한 날짜

```
TKTL10FEB/1700

--- RLR ---
RP/SELK1394Z/SELK1394Z            AA/GS 29JAN16/0322Z  27TVMI
6046-8128
 1.KM/INHOMR
 2 KE 603 Y 10MAR 4 ICNHKG HK1 0825 1120 10MAR E KE/27TVMI
 3 KE 608 Y 15MAR 2 HKGICN HK1 0055 0520 15MAR E KE/27TVMI
 4 AP SEL 1566-0014 - TOPAS TRAINING UNIVERSITY - A
 5 TK TL10FEB/1700/SELK1394Z → 예약 시 입력한 여행사 발권 시한
 6 OPW SELK1394Z-11FEB:1900/1C7/KE REQUIRES TICKET ON OR BEFORE
   12FEB:1900/S2-3 → 대한항공 발권 권장시한이 11FEB 19시이며 이때까지 발권하
   지 않아도 취소는 되지 않음
 7 OPC SELK1394Z-12FEB:1900/1C8/KE CANCELLATION DUE TO NO
      TICKET/S2-3 → 대한항공 발권시한으로 12FEB 19시까지 발권하지 않으면 자
      동 취소됨
```

(2) TKOK

오늘 중으로 바로 발권 예정 또는 Ticket Number가 있는 경우의 입력지시어이며, Ticket Number가 없는 신규 예약의 경우는 PNR 작성완료 시 자동생성된다.

```
TKOK
```

```
TKOK

RP/SELK1394Z/
 1 TK OK08DEC/SELK1394Z
```

(3) TKXL

TKT 발권 권고 시한이 지난 후에는 자동 예약 취소되며, 12번 Q로 자동 전송된다. 발권 이후 TKOK로 변경된다.

TKXL13NOV/1700

13NOV : 17시까지 발권할 것이며, 미발권 시 자동 취소됨

TKXL 13NOV / 1700

RP/SELK1394Z/
 1 TK XL13NOV/1700/SELK1394Z

3 Remarks Element(HE RM or HE RC or HE RX)

1) 용도

- 직원 상호 간에 업무연락을 위한 Message 전달 시 사용
- 예약재확인이나 승객에게 필요한 Information을 전달하였을 경우 기재
- 기타 해당 PNR에 관련된 제반 내용을 수록하여 PNR 처리하는 직원들이 참조할 수 있도록 한다.
- PNR 생성완료(EOT) 후에 입력한 RM 사항은 모두 히스토리에 기록되므로 작업자 SIGN과 입력 시간을 확인할 수 있다. PNR상에서 RM작업자와 입력시간을 기록하고자 할 경우 별도 입력하는 Entry를 이용한다.

2) 유형별 특징

- RM : General Remark는 PNR조회가 가능한 모든 여행사에서 볼 수 있다.
- RC : Conditional Remark는 이를 입력한 여행사만 조회 및 수정이 가능하다.
  단 RC입력 시 다른 여행사의 Office ID를 입력(3개까지 입력가능)하면 지정된 여행사는 해당 RC내용을 볼 수 있고, W 'indicator를 사용하여 쓰기까지 허용하여 수정할 수도 있다.

예) RCLAXAA0100, LAXAA0200-W/VIP PLZ ASSIST

→ LAXAA0100은 읽을 수만 있고, LAXAA0200은 읽고 수정까지 가능

- RX : Corporate Remark를 입력한 여행사로 이 여행사와 EOS(Amadeus Extended Ownership Agreement)를 가진 여행사만 볼 수 있다.

※ 한글 입력은 RM 항목만 가능하다.

3) 입력방법

(1) RM

General remark는 PNR 조회가 가능한 모든 여행사가 볼 수 있다.

1번 승객의 3번 여정에 VISA가 필요함을 입력

```
RM PAX NEEDS A VISA /S3 / P1
```

RM : 기본 지시어

PAX NEEDS A VISA : Free text 입력어

/S3 : 연결 여정 번호

/P1 : 연결 승객 번호

```
> RM PAX NEEDS A VISA/S3/P1
--- RLR ---
RP/SELK1394Z/SELK1394Z          AA/GS  22JAN16/0300Z   27BFX4
5405-6020
 1.KIM/SARANGMS   2.KIM/WOOJEONGMS
 3  CX 261 Y 01MAY 7 HKGCDG HK2  0005 0655  01MAY  E  CX/27BFX4
 4  CX 260 Y 05MAY 4 CDGHKG HK2  1315 0645  06MAY  E  CX/27BFX4
 5 AP SEL 1566-0014 - TOPAS TRAINING UNIVERSITY - A
 6 TK OK22JAN/SELK1394Z
 7 RM PAX NEEDS A VISA/S3/P1    → 1번 승객 3번 여정에 VISA필요 정보 입력됨
```

(2) RC

Confidential remark를 입력한 여행사만이 볼 수 있고 수정이 가능

2번 승객에게 집 전화번호 입력

```
RC HOME PHONE NUMBER 031-123-4567/P2
```

RC : 기본 지시어

HOME NUMBER.. : Free text 입력어

/P2 : 연결 승객 번호

```
> RC HOME PHONE NUMBER 031-123-4567/P2

--- RLR ---
RP/SELK1394Z/SELK1394Z           AA/GS  22JAN16/0300Z   27BFX4
5405-6020
  1.KIM/SARANGMS   2.KIM/WOOJEONGMS
  3  CX 261 Y 01MAY 7 HKGCDG HK2  0005 0655  01MAY  E  CX/27BFX4
  4  CX 260 Y 05MAY 4 CDGHKG HK2  1315 0645  06MAY  E  CX/27BFX4
  5 AP SEL 1566-0014 - TOPAS TRAINING UNIVERSITY - A
  6 TK OK22JAN/SELK1394Z
  7 RC SELK1394Z-W/HOME PHONE NUMBER 031-123-4567/P2
     → 2번 승객의 집 번호가 입력되고 앞에 W Indicator가 붙음으로써 이 여행사에서
       만 조회와 수정이 가능함
```

(3) RX

Corporate Remarks를 입력한 여행사, 그리고 이 여행사와 'Amadeus Extended Ownership Agreement(EOS)를 가진 여행사만 볼 수 있다.

```
RX Booking FEE APPLIED
```

RX : 기본지시어

Booking FEE APPLIED : Free text 입력어

```
--- RLR ---
RP/SELK1394Z/SELK1394Z          AA/GS  22JAN16/0300Z   27BFX4
5405-6020
 1.KIM/SARANGMS   2.KIM/WOOJEONGMS
 3  CX 261 Y 01MAY 7 HKGCDG HK2  0005 0655  01MAY  E  CX/27BFX4
 4  CX 260 Y 05MAY 4 CDGHKG HK2  1315 0645  06MAY  E  CX/27BFX4
 5 AP SEL 1566-0014 - TOPAS TRAINING UNIVERSITY - A
 6 TK OK22JAN/SELK1394Z
 7 RC SELK1394Z-W/HOME PHONE NUMBER 031-123-4567/P2
 8 RM PAX NEEDS A VISA/S3/P1
 9 RX BOOKING FEE APPLIFED
```

4 Received From Element(HE RF)

최초 예약의뢰자나 예약의 변경, 취소 등 PNR의 수정이 있을 때 의뢰자의 성명을 입력하는 요소로 Option 입력사항이다. 의뢰자가 승객과 동일할 경우는 전체 성명을 모두 입력하지 않고 Passenger의 약자인 P 또는 PAX로 입력하기도 한다.

Received From Element는 PNR의 변경내역 부분에 남아 차후 승객 Handling 상의 문제가 발생했을 경우 참조할 수 있으며, PNR작성 시 Option사항으로 생략가능하나 항공운항 스케줄 변경 등 중요한 안내 후 필요 시 입력한다.

```
RF  YOON MINSU MR
```

RF : 예약 의뢰자 입력 기본 지시어

YOON MINSU MR : Free-flow text 요청 승객 실명(단, /는 사용 불가)

```
RF  YOON MINSU MR

RP/SELK1394Z/
RF YOON MINSU MR
```

Quick Guide

	조회	HE SSR → MS463	Fact Keyword 테이블 조회
Fact Element	입력	OS KE CEO OF KAL/P2 SR VGML SR VGML/P2 SR DBML/P1/S3 SR NOSM/S4 SR CHML-PORK CURTLET /S3/P2	Service Information입력 전 승객, 전 여정에 VGML 요청 2번 승객, 전 여정에 VGML 요청 1번 승객, 3번 여정에 DBML 요청 4번 여정에 특별기내식 미신청 2번 승객, 3번 여정에 소아식 돈가스 요청
Ticket Element	입력	TKTL 1JAN/1200 TKOK TKXL 3MAR/1200	여행사 자체 TKT발권권고시한 바로 발권 예정 권고시한 이후 자동 취소
Remarks	입력	RM PAX NEEDS A VISA RC MOBILE PHONE NBR 010-123-2222/P2 RX BOOKING FEE APPLIED	모든 여행사 공유 입력한 여행사만 조회, 수정 가능 입력여행사 및 Amadeus Ownership을 가진 여행사만 조회 가능
Received From	입력	RF KIM MIRAMS	김미라 승객이 요청

실습문제

※ 다음 작성 중인 PNR을 보고 문제에 답하세요.

```
RP/SELK1394Z/SELK1394Z
1.KIM/INSOOMR   2.KIM/SOAMSTR(CHD/01MAR08)
3 KE 603 Y 01NOV 2 ICNHKG HK2  0825 1120  01NOV  E  KE/2656F4
4 KE 608 Y 05NOV 6 HKGICN HK2  0055 0520  05NOV  E  KE/2656F4
5 AP SEL 1566-0014 - TOPAS TRAINING UNIVERSITY - A
```

1. 1번 승객 KE603편에 VGML 신청, KE608편에는 특별기내식 미신청하는 지시어를 쓰시오.

2. 2번 승객의 3번 여정 HAMBURGER, 4번 여정에 PORK-CURTLET 요청하는 지시어를 쓰시오.

3. 1번 승객이 DAEHAN GROUP의 CEO임을 입력하시오.

4. 예약의뢰자는 KIM MIJA로 입력하시오.

제7장

PNR의 다양한 기능

제7장

PNR의 다양한 기능

1 PNR Split(HE SP)

일부 승객의 여정 변경 시 처리방법으로 완성된 PNR 구성원 중 일부 구성원의 예약 내용이 추가, 취소, 변경되는 경우에 기존 PNR 내에서는 처리할 방법이 없으므로 PNR을 두 개 이상으로 나누어 작업해야 하는 과정을 말한다.

1) Splitting 순서

분리작업	대상 PNR Display	RT 1566-0704
	승객분리	SP2(2번 승객 분리)
	분리된 Associate PNR 저장	EF(발권Warning 메시지 표출 시 한번 더 EF 실행)
	Original Or Parent PNR 저장	ET(발권 Warning 메시지 표출 시 한번 더 ET 실행)
여정변경 작업	분리된 PNR Display	RT 1234-5678
	여정변경	SB10JUN3(3번 여정 10JUN으로)
	저장	ET(저장) 또는 ER(저장 후 재조회)

2) Split Action 시의 주의사항

- 화면에 Display되어 작업 중인 PNR은 그 작업을 종료하거나 Ignore한 후, 다시 PNR을 Retrieve 하여 Split 작업을 시작해야 한다.
- 완성되지 않은 PNR은 Split할 수 없다.
  (Split란 하나의 PNR을 2개로 나누는 작업이며, 완성되지 않은 상태에서 승객의 여정이 각기 다르다면 2개의 PNR을 별도로 작성하면 된다)
- Passenger Relation되어 있는 Phone 혹은 기타 Element는 PNR이 분리될 때 각기 해당 승객이 있는 PNR에만 남는다.
- Split 시 Original PNR의 EOT를 하기 전까지는 Action이 종료되지 않은 상태이므로 도중에 Ignore(IG)를 하면 Split Action 전의 PNR로 환원된다.
- 여정을 변경할 경우 New PNR에 항공사 예약번호(RLOC)가 생성된 후, 후속작업을 진행하여야 한다.
- HTL, Car Seg 가 있는 경우는 해당 항목이 연결된 승객에게 남는다.
- KE 이외의 항공사가 있는 PNR을 Split한 경우에는 Split 후 반영 여부를 해당 항공사에 확인하는 것이 좋다.

3) PNR Split의 예

(1) 변경대상 승객 분리

❶ 대상 PNR Display : RT 4609-9292

```
RT4609-9292

---- RLR ---
RP/SELK1394Z/SELK1394Z          AA/GS  30JAN16/0554Z   27V73K
4609-9292
  1.KIM/INHOMR   2.KANG/CHULSOOMR
  3  KE 603 Y 12JUN 7 ICNHKG HK2  0830 1120  12JUN  E  KE/27V73K
  4  KE 608 Y 15JUN 3 HKGICN HK2  0055 0520  15JUN  E  KE/27V73K
  5 AP SEL 1566-0014 - TOPAS TRAINING UNIVERSITY - A
  6 AP 010-123-2222-M/P1
  7 AP 010-123-4567-M/P2
  8 TK OK30JAN/SELK1394Z
  9 OPW SELK1394Z-12FEB:1900/1C7/KE REQUIRES TICKET ON OR BEFORE
       13FEB:1900/S3-4
 10 OPC SELK1394Z-13FEB:1900/1C8/KE CANCELLATION DUE TO NO
       TICKET/S3-4
```

❷ 여정변경이 있는 2번 승객 분리하기 : SP2

```
>SP2

--- RLR ---
-ASSOCIATE PNR-  → 연결된 PNR임을 나타냄
RP/SELK1394Z/SELK1394Z            AA/GS  30JAN16/0554Z  XXXXXX
  1.KANG/CHULSOOMR → 2번 승객이 분리됨
  2  KE 603 Y 12JUN 7 ICNHKG HK1  0830 1120  12JUN  E  KE/27V73K
  3  KE 608 Y 15JUN 3 HKGICN HK1  0055 0520  15JUN  E  KE/27V73K
  4 AP SEL 1566-0014 - TOPAS TRAINING UNIVERSITY - A
  5 AP 010-123-4567-M
  6 TK OK30JAN/SELK1394Z
  7 OPW SELK1394Z-12FEB:1900/1C7/KE REQUIRES TICKET ON OR BEFORE
        13FEB:1900/S2-3
  8 OPC SELK1394Z-13FEB:1900/1C8/KE CANCELLATION DUE TO NO
       TICKET/S2-3
  * SP 30JAN/AAGS/SELK1394Z-27V73K  → 27V73K로부터 분리되었음을 나타냄
```

❸ 분리된 Associate PNR 저장 : EF

```
>EF
WARNING: KE REQUIRES TICKET ON OR BEFORE 13FEB:1900/S2-3
                    → 발권시한 알림이 나오면 한번 더 EF를 입력한다.
>EF

--- RLR ---
-PARENT PNR- → 분리 전 생성된 Original PNR임을 나타냄
RP/SELK1394Z/SELK1394Z          AA/GS  30JAN16/0554Z  27V73K
4609-9292
  1.KIM/INHOMR → 분리한 승객은 따로 저장이 되고 여정변경 없는 1번 승객이 조회됨
  2  KE 603 Y 12JUN 7 ICNHKG HK1  0830 1120  12JUN  E  KE/27V73K
  3  KE 608 Y 15JUN 3 HKGICN HK1  0055 0520  15JUN  E  KE/27V73K
  4 AP SEL 1566-0014 - TOPAS TRAINING UNIVERSITY - A
  5 AP 010-123-2222-M
  6 TK OK30JAN/SELK1394Z
  7 OPW SELK1394Z-12FEB:1900/1C7/KE REQUIRES TICKET ON OR BEFORE
        13FEB:1900/S2-3
  8 OPC SELK1394Z-13FEB:1900/1C8/KE CANCELLATION DUE TO NO
        TICKET/S2-3
  * SP 30JAN/AAGS/SELK1394Z-27V76H → 분리된 승객의 PNR은 27V76H임을 나타냄
```

❹ Original Or Parent PNR 저장 : ET

```
> ET
WARNING: KE REQUIRES TICKET ON OR BEFORE 13FEB:1900/S2-3
               → 발권시한 알림이 나오면 한번 더 ET로 저장한다.
> ET
END OF TRANSACTION COMPLETE -27V73K- KE/4609-9292 SP-27V76H -
KE/2089-2273  → 분리가 완료되었으며 분리된 PNR은 2089-2273임
```

(2) 분리된 PNR의 여정변경

분리가 완료되면 여정변경이 있는 승객의 PNR을 조회하여 여정변경 작업을 한다.

❶ 분리된 PNR 조회 : RT 2089-2273

```
> RT20892273

--- AXR RLR ---
RP/SELK1394Z/SELK1394Z              AA/GS  30JAN16/0609Z   27V76H
2089-2273
  1.KANG/CHULSOOMR
  2  KE 603 Y 12JUN 7 ICNHKG HK1  0830 1120  12JUN  E  KE/27V76H
  3  KE 608 Y 15JUN 3 HKGICN HK1  0055 0520  15JUN  E  KE/27V76H
  4 AP SEL 1566-0014 - TOPAS TRAINING UNIVERSITY - A
  5 AP 010-123-4567-M
  6 TK OK30JAN/SELK1394Z
  7 OPW SELK1394Z-12FEB:1900/1C7/KE REQUIRES TICKET ON OR BEFORE
        13FEB:1900/S2-3
  8 OPC SELK1394Z-13FEB:1900/1C8/KE CANCELLATION DUE TO NO
        TICKET/S2-3
  * SP 30JAN/AAGS/SELK1394Z-27V73K
```

❷ 여정변경 : SB10JUN2 (2번 여정 6월 10일로 변경)

```
>SB10JUN2

--- AXR RLR ---
RP/SELK1394Z/SELK1394Z            AA/GS  30JAN16/0609Z   27V76H
2089-2273
 1.KANG/CHULSOOMR
 2  KE 603 Y 10JUN 5 ICNHKG DK1  0830 1120  10JUN  E  0 333 B
   SEE RTSVC
 3  KE 608 Y 15JUN 3 HKGICN HK1  0055 0520  15JUN  E  KE/27V76H
 4 AP SEL 1566-0014 - TOPAS TRAINING UNIVERSITY - A
 5 AP 010-123-4567-M
 6 TK OK30JAN/SELK1394Z
 7 OPW SELK1394Z-12FEB:1900/1C7/KE REQUIRES TICKET ON OR BEFORE
       13FEB:1900/S3
 8 OPC SELK1394Z-13FEB:1900/1C8/KE CANCELLATION DUE TO NO
       TICKET/S3
 * SP 30JAN/AAGS/SELK1394Z-27V73K
```

❸ 저장하기 : ET 또는 ER

```
>ET
END OF TRANSACTION COMPLETE - 27V76H - KE/2089-2273
```

■ CASE STUDY

SP2,4,5 2,4,5번 승객 분리 ASSOCIATE PNR 생성	SP2,4-5 --- RLR --- -ASSOCIATE PNR- RP/SELK1394Z/SELK1394Z AA/SU 28OCT15/0344Z 1.PARK/HYOSINMR 2.KIM/MINJUNGMS 3.KIM/SOHOMR 4 KE2707 M 21NOV 6 GMPHND HK3 0900 1105 21NOV E KE/5VNNRC 5 ARNK 6 KE 608 H 26NOV 4 HKGICN HK3 0055 0520 26NOV E KE/5VNNRC 7 APA 031-644-6555 TOPAS TOUR MS.KIM 8 APH 02-123-4567/P1 9 TK OK28OCT/SELK1394Z
EF ASSOCIATE PNR저장 → PARENT PNR 자동 Display	〉EF WARNING: KE REQUIRES TICKET ON OR BEFORE 02NOV:1900/S4,6 〉EF --- RLR --- -PARENT PNR- RP/SELK1394Z/SELK1394Z AA/SU 28OCT15/0344Z 5VNNRC 7768-7991 1.PARK/SEUNGTAEMR 2.PARK/MINSUMR 3 KE2707 M 21NOV 6 GMPHND HK2 0900 1105 21NOV E KE/5VNNRC 4 ARNK 5 KE 608 H 26NOV 4 HKGICN HK2 0055 0520 26NOV E KE/5VNNRC 6 APA 031-644-6555 TOPAS TOUR MS.KIM 7 APM 010-7768-7988/P1 8 TK OK28OCT/SELK1394Z
ET PARENT PNR 저장	〉ET WARNING: KE REQUIRES TICKET ON OR BEFORE 02NOV:1900/S3,5 〉ET END OF TRANSACTION COMPLETE - 5VNNRC - KE/7768-7991 SP-5VNNTH - KE/9355-2502

〉RT9355-2502 Associate PNR 조회	〉RT9355-2502 --- AXR RLR --- RP/SELK1394Z/SELK1394Z AA/SU 28OCT15/0348Z 5VNNTH 9355-2502 1.PARK/HYOSINMR 2.KIM/MINJUNGMS 3.KIM/SOHOMR 4 KE2707 M 21NOV 6 GMPHND HK3 0900 1105 21NOV E KE/5VNNTH 5 ARNK 6 KE 608 M 27NOV 5 HKGICN HK3 0055 0520 27NOV E KE/5VNNTH 7 APA 031-644-6555 TOPAS TOUR MS.KIM 8 APH 02-123-4567/P1 9 TK OK28OCT/SELK1394Z 10 OPW SELK1394Z-30OCT:1900/1C7/KE REQUIRES TICKET ON OR BEFORE 02NOV:1900/S4,6 11 OPC SELK1394Z-02NOV:1900/1C8/KE CANCELLATION DUE TO NO TICKET/S4,6 * SP 28OCT/AASU/SELK1394Z-5VNNRC
SB28NOV6 6번여정을 28NOV로 변경	〉SB28NOV6 --- AXR RLR --- RP/SELK1394Z/SELK1394Z AA/SU 28OCT15/0348Z 5VNNTH 9355-2502 1.PARK/HYOSINMR 2.KIM/MINJUNGMS 3.KIM/SOHOMR 4 KE2707 M 21NOV 6 GMPHND HK3 0900 1105 21NOV E KE/5VNNTH 5 ARNK 6 KE 608 M 28NOV 6 HKGICN DK3 0055 0520 28NOV E 0 744 M SEE RTSVC 7 APA 031-644-6555 TOPAS TOUR MS.KIM 8 APH 02-123-4567/P1 9 TK OK28OCT/SELK1394Z 10 OPW SELK1394Z-30OCT:1900/1C7/KE REQUIRES TICKET ON OR BEFORE 02NOV:1900/S4 11 OPC SELK1394Z-02NOV:1900/1C8/KE CANCELLATION DUE TO NO TICKET/S4 * SP 28OCT/AASU/SELK1394Z-5VNNRC

ET 저장	〉ET WARNING: KE REQUIRES TICKET ON OR BEFORE 02NOV:1900/S4,6 〉ET END OF TRANSACTION COMPLETE - 5VNNTH - KE/9355-2502

4) Split PNR 확인

분리된 PNR은 양쪽 Head에 AXR이 생성되며 상호 확인이 가능하다.

(1) PNR Display : RT20892273

```
>RT20892273
-- AXR RLR ---
RP/SELK1394Z/SELK1394Z              AA/GS  30JAN16/0625Z   27V76H
2089-2273
  1.KANG/CHULSOOMR
  2  KE 603 Y 10JUN 5 ICNHKG HK1  0830 1120  10JUN  E  KE/27V76H
  3  KE 608 Y 15JUN 3 HKGICN HK1  0055 0520  15JUN  E  KE/27V76H
  4 AP SEL 1566-0014 - TOPAS TRAINING UNIVERSITY - A
  5 AP 010-123-4567-M
  6 TK OK30JAN/SELK1394Z
  7 OPW SELK1394Z-12FEB:1900/1C7/KE REQUIRES TICKET ON OR BEFORE
13FEB:1900/S2-3
  8 OPC SELK1394Z-13FEB:1900/1C8/KE CANCELLATION DUE TO NO
         TICKET/S2-3
  * SP 30JAN/AAGS/SELK1394Z-27V73K
```

(2) 연결 PNR 확인 : RT AXR

*가 표시된 PNR은 현재 화면에 조회된 PNR이다.

```
>RTAXR

 AXR FOR PNR:                        27V76H    30JAN 1559
 1.KANG/CHULSOO- 1      *
 2.KIM/INHOMR    1   27V73K
```

(3) 2번째 승객 PNR 확인 : RT2

```
>RT2

--- AXR RLR ---
RP/SELK1394Z/SELK1394Z              AA/GS  30JAN16/0609Z   27V73K
4609-9292
 1.KIM/INHOMR
 2  KE 603 Y 12JUN 7 ICNHKG HK1  0830 1120  12JUN  E  KE/27V73K
 3  KE 608 Y 15JUN 3 HKGICN HK1  0055 0520  15JUN  E  KE/27V73K
 4 AP SEL 1566-0014 - TOPAS TRAINING UNIVERSITY - A
 5 AP 010-123-2222-M
 6 TK OK30JAN/SELK1394Z
 7 OPW SELK1394Z-12FEB:1900/1C7/KE REQUIRES TICKET ON OR
BEFORE13FEB:1900/S2-3
 8 OPC SELK1394Z-13FEB:1900/1C8/KE CANCELLATION DUE TO NO
       TICKET/S2-3
 * SP 30JAN/AAGS/SELK1394Z-27V76H
```

2 PNR Copying(HE COPY)

이미 작성된 PNR Data 전체 또는 부분적으로 Copy하여 새로운 예약기록 작성 시 활용함으로써 신속히 작성할 수 있는 편리한 기능이다.

1) Copying 기본 지시어와 화면

```
--- RLR SFP ---
RP/SELK1394Z/SELK1394Z            AA/GS  30JAN16/0949Z   27WAX8
4698-4339
 1.JANG/GILSANMR
 2  KE 017 Y 01APR 5 ICNLAX HK1  1500 1010  01APR  E  KE/27WAX8
 3  KE 018 Y 25APR 1 LAXICN HK1  1240 1750  26APR  E  KE/27WAX8
 4 AP SEL 1566-0014 - TOPAS TRAINING UNIVERSITY - A
 5 AP 010-123-3555-M
 6 TK OK30JAN/SELK1394Z
 7 OPW SELK1394Z-12FEB:1900/1C7/KE REQUIRES TICKET ON OR BEFORE
       13FEB:1900/S2-3
 8 OPC SELK1394Z-13FEB:1900/1C8/KE CANCELLATION DUE TO NO
       TICKET/S2-3
```

RRI 여정만 Copy	〉RRI -IGNORED 27WAX8- → ORGN PNR은 화면에서 사라지고 Copy된 여정이 만들어짐 RP/SELK1394Z/ 1 KE 017 Y 01APR 5 ICNLAX DK1 1500 1010 01APR E 0 388 DB 2 KE 018 Y 25APR 1 LAXICN DK1 1240 1750 26APR E 0 388 LD
RRN 여정과 승객정보 Copy	〉RRN IGNORED 27WAX8- RP/SELK1394Z/ 1 KE 017 Y 01APR 5 ICNLAX DK1 1500 1010 01APR E 0 388 DB 2 KE 018 Y 25APR 1 LAXICN DK1 1240 1750 26APR E 0 388 LD SEE RTSVC 3 AP SEL 1566-0014 - TOPAS TRAINING UNIVERSITY - A
RRP 승객정보만 Copy	〉RRP -IGNORED 27WAX8- RP/SELK1394Z/ 1.JANG/GILSANMR 2 AP SEL 1566-0014 - TOPAS TRAINING UNIVERSITY - A 3 AP 010-123-3555-M

RRA 여정과 승객정보 Copy 및 AXR Record 생성	〉RRA -IGNORED 27WAX8- RP/SELK1394Z/ 1 KE 017 Y 01APR 5 ICNLAX DK1 1500 1010 01APR E 0 388 DB 2 KE 018 Y 25APR 1 LAXICN DK1 1240 1750 26APR E 0 388 LD 3 AP SEL 1566-0014 - TOPAS TRAINING UNIVERSITY - A * RR 30JAN/AAGS/SELK1394Z-27WAX8 → AXR Record로 ORGN PNR을 표시해준다

2) 추가 기능

(1) 좌석 수 변경

RRI, RRA, RRN 지시어 뒤에 변경좌석 수를 입력하여(/좌석 수) PNR을 Copy하는 기능이다.

RRI/3

RRI : 여정만 Copy

/3 : 좌석 수를 3자리로 Copy

```
RP/SELK1394Z/SELK1394Z            AA/GS  30JAN16/0949Z   27WAX8
4698-4339
  1.JANG/GILSANMR
  2  KE 017 Y 01APR 5 ICNLAX HK1  1500 1010  01APR  E  KE/27WAX8
  3  KE 018 Y 25APR 1 LAXICN HK1  1240 1750  26APR  E  KE/27WAX8
  4 AP SEL 1566-0014 - TOPAS TRAINING UNIVERSITY - A
  5 AP 010-123-3555-M
  6 TK OK30JAN/SELK1394Z
  7 OPW SELK1394Z-12FEB:1900/1C7/KE REQUIRES TICKET ON OR BEFORE
        13FEB:1900/S2-3
  8 OPC SELK1394Z-13FEB:1900/1C8/KE CANCELLATION DUE TO NO
        TICKET/S2-3
〉RRI/3   → 여정만 copy하되 좌석 수를 3자리로 변경

-IGNORED 27WAX8-
RP/SELK1394Z/
  1  KE 017 Y 01APR 5 ICNLAX DK3  1500 1010  01APR  E  0 388 DB
  2  KE 018 Y 25APR 1 LAXICN DK3  1240 1750  26APR  E  0 388 LD
                    → 3자리가 예약됨
```

(2) Booking Class 변경

RRI, RRA, RRN 지시어 뒤에 변경하고자 하는 Class를 입력하여(/CM) PNR을 Copy 하는 기능이다.

RRN/CM	RRN : 여정과 승객 정보 Copy CM : Class M으로 변경

```
RP/SELK1394Z/SELK1394Z            AA/GS  30JAN16/0949Z   27WAX8
4698-4339
 1.JANG/GILSANMR
 2  KE 017 Y 01APR 5 ICNLAX HK1  1500 1010  01APR  E  KE/27WAX8
 3  KE 018 Y 25APR 1 LAXICN HK1  1240 1750  26APR  E  KE/27WAX8
 4 AP SEL 1566-0014 - TOPAS TRAINING UNIVERSITY - A
 5 AP 010-123-3555-M
 6 TK OK30JAN/SELK1394Z
 7 OPW SELK1394Z-12FEB:1900/1C7/KE REQUIRES TICKET ON OR BEFORE
      13FEB:1900/S2-3
 8 OPC SELK1394Z-13FEB:1900/1C8/KE CANCELLATION DUE TO NO
      TICKET/S2-3

>RRN/CM → 여정과 승객 정보 Copy하되 Class는 M으로 변경

-IGNORED 27WAX8-
RP/SELK1394Z/
 1  KE 017 M 01APR 5 ICNLAX DK1  1500 1010  01APR  E  0 388 DB
 2  KE 018 M 25APR 1 LAXICN DK1  1240 1750  26APR  E  0 388 LD
 3 AP SEL 1566-0014 - TOPAS TRAINING UNIVERSITY - A
```

(3) 특정 Segment만 Copy

RRI, RRA, RRN 지시어 뒤에 Copy하고자 하는 Seg를 입력하여(/S3) PNR을 Copy 하는 기능이다.

RRN/S2

RRN : 여정과 승객 정보 Copy

S2 : 2번 Segment만 Copy

```
RP/SELK1394Z/SELK1394Z            AA/GS  30JAN16/0949Z   27WAX8
4698-4339
  1.JANG/GILSANMR
  2  KE 017 Y 01APR 5 ICNLAX HK1  1500 1010  01APR  E  KE/27WAX8
  3  KE 018 Y 25APR 1 LAXICN HK1  1240 1750  26APR  E  KE/27WAX8
  4 AP SEL 1566-0014 - TOPAS TRAINING UNIVERSITY - A
  5 AP 010-123-3555-M
  6 TK OK30JAN/SELK1394Z
  7 OPW SELK1394Z-12FEB:1900/1C7/KE REQUIRES TICKET ON OR BEFORE
        13FEB:1900/S2-3
  8 OPC SELK1394Z-13FEB:1900/1C8/KE CANCELLATION DUE TO NO
        TICKET/S2-3

>RRN/S2  → 2번 여정과 승객 정보 Copy

-IGNORED 27WAX8-
RP/SELK1394Z/
  1  KE 017 Y 01APR 5 ICNLAX DK1  1500 1010  01APR  E  0 388 DB
  2 AP SEL 1566-0014 - TOPAS TRAINING UNIVERSITY - A
```

(4) 특정 Segment의 Booking Class를 변경하여 Copy

RRI, RRA, RRN 지시어 뒤에 Copy하고자 하는 Seg의 Booking Class를 변경 입력하여(/S3CK) PNR을 Copy하는 기능이다.

RRN/S3CK

RRN : 여정과 승객정보 Copy

S3 : 3번 Segment만 Copy

CK : Class를 K로 변경

```
RP/SELK1394Z/SELK1394Z          AA/GS  30JAN16/0949Z  27WAX8
4698-4339
  1.JANG/GILSANMR
  2  KE 017 Y 01APR 5 ICNLAX HK1  1500 1010  01APR  E  KE/27WAX8
  3  KE 018 Y 25APR 1 LAXICN HK1  1240 1750  26APR  E  KE/27WAX8
  4 AP SEL 1566-0014 - TOPAS TRAINING UNIVERSITY - A
  5 AP 010-123-3555-M
  6 TK OK30JAN/SELK1394Z
  7 OPW SELK1394Z-12FEB:1900/1C7/KE REQUIRES TICKET ON OR BEFORE
        13FEB:1900/S2-3
  8 OPC SELK1394Z-13FEB:1900/1C8/KE CANCELLATION DUE TO NO
        TICKET/S2-3

>RRN/S3CK    → 승객정보와 3번 여정의 Class를 K로 변경하여 Copy

-IGNORED 27WAX8-
RP/SELK1394Z/
  1  KE 017 Y 01APR 5 ICNLAX DK1  1500 1010  01APR  E  0 388 DB
  2  KE 018 K 25APR 1 LAXICN DK1  1240 1750  26APR  E  0 388 LD
  3 AP SEL 1566-0014 - TOPAS TRAINING UNIVERSITY - A
```

(5) 특정 Segment의 날짜를 변경하여 Copy

RRI, RRA, RRN 지시어 뒤에 변경하고자 하는 Segment와 날짜를 입력하여 PNR을 Copy하는 기능이다.

RRN/S4D23MAY	RRN : 여정과 승객정보 Copy
	S4 : 4번 Segment Copy
	D23MAY : Date를 23May로 변경 Copy

```
RP/SELK1394Z/SELK1394Z            AA/GS  30JAN16/1243Z   27WCAD
8612-0826
  1.LEE/CHULSOOMR   2.LEE/YOUNGHEEMS   3.LEE/MANSOOMR
  4  KE 703 Y 25MAY 3 ICNNRT HK3  1010 1230  25MAY  E  KE/27WCAD
  5 AP SEL 1566-0014 - TOPAS TRAINING UNIVERSITY - A
  6 TK OK30JAN/SELK1394Z
  7 OPW SELK1394Z-12FEB:1900/1C7/KE REQUIRES TICKET ON OR BEFORE
       13FEB:1900/S4
  8 OPC SELK1394Z-13FEB:1900/1C8/KE CANCELLATION DUE TO NO
       TICKET/S4

>RRN/S4D23MAY  → 4번 여정을 23May로 변경 Copy

-IGNORED 27WCAD-
RP/SELK1394Z/
  1  KE 703 Y 23MAY 1 ICNNRT DK3  1010 1230  23MAY  E  0 77W M
  2 AP SEL 1566-0014 - TOPAS TRAINING UNIVERSITY - A
```

(6) 승객지정 Copy

RRP, RRN 지시어 뒤에 일부 승객만 지정하여 (/P1,3) NR을 Copy하는 기능이다.

RRN/P1,3	RRN : 여정과 승객정보 Copy P1,3 : 승객 1, 3번만 Copy

```
RP/SELK1394Z/SELK1394Z              AA/GS  30JAN16/1243Z   27WCAD
8612-0826
 1.LEE/CHULSOOMR   2.LEE/YOUNGHEEMS   3.LEE/MANSOOMR
 4  KE 703 Y 25MAY 3 ICNNRT HK3  1010 1230  25MAY  E  KE/27WCAD
 5 AP SEL 1566-0014 - TOPAS TRAINING UNIVERSITY - A
 6 TK OK30JAN/SELK1394Z
 7 OPW SELK1394Z-12FEB:1900/1C7/KE REQUIRES TICKET ON OR BEFORE
       13FEB:1900/S4
 8 OPC SELK1394Z-13FEB:1900/1C8/KE CANCELLATION DUE TO NO
       TICKET/S4

>RRN/P1,3        → 여정 및 1, 3번 승객정보만 Copy

-IGNORED 27WCAD-
RP/SELK1394Z/
 1.LEE/CHULSOOMR   2.LEE/MANSOOMR
 3  KE 703 Y 25MAY 3 ICNNRT DK2  1010 1230  25MAY  E  0 77W M
 4 AP SEL 1566-0014 - TOPAS TRAINING UNIVERSITY - A
```

3 NHP(Non Homogeneous PNR)

PNR 작성 시 특정 구간에 대해 일부 승객만 이용하는 경우 사용할 수 있는 기능이다. 즉 여정 중 특정구간의 좌석 수가 PNR의 승객 수와 불일치 상태로 PNR 작업을 하는 기능으로, PNR을 완성하고 나면 SPLIT와 마찬가지로 해당 승객의 PNR이 별도로 분리되어 저장되며 PNR상단에 ***NHP***라는 Tag와 AXR(Associated Cross - Reference Record) 정보가 생성된다.

1) NHP PNR 작성

두 명의 승객 예약 시 출발일은 같으나 한 명은 편도, 한 명은 왕복으로 예약을 요청한 경우 아래와 같은 절차로 NHP PNR을 작성한다.

<table>
<tr><td>① Name Element
NM1LEE/SARANGMS
NM1LEE/WUJEONGMS</td><td>RP/SELK1394Z/
1.LEE/SARANGMS 2.LEE/WUJEONGMS</td></tr>
<tr><td>② 좌석예약
AN1MARSELSIN/AKE
SS2Y1(1번여정에 2석)
ACR8MAR
SS1Y1(1번여정에 1석)</td><td>*** NHP *** → 승객 수와 좌석 수가 불일치함을 표시
RP/SELK1394Z/
1.LEE/SARANGMS 2.LEE/WUJEONGMS
3 KE 643 Y 01MAR 2 ICNSIN DK2 1420 1955 01MAR
E0 773 M
4 KE 642 Y 08MAR 2 SINICN DK1 0130 0840 08MAR
E0 77W B
→ 3번 여정에 2석, 4번 여정에 1석 예약됨</td></tr>
<tr><td>③ 승객번호 연결
4/P1(4번 Seg를 1번 승객에게 연결)</td><td>*** NHP ***
RP/SELK1394Z/
1.LEE/SARANGMS 2.LEE/WUJEONGMS
3 KE 643 Y 01MAR 2 ICNSIN DK2 1420 1955 01MAR
E0 773 M
4 KE 642 Y 08MAR 2 SINICN DK1 0130 0840 08MAR
E0 77W B /P1
→ 4번 여정이 1번 승객에게 연결되었음을 표시</td></tr>
<tr><td>④ 전화번호 입력 후 저장
AP
ER</td><td>AXR FOR PNR: → PNR 2개로 저장됨
*** NHP *** 31JAN 1359
1.LEE/SARANGMS 1 27WL49
2.LEE/WUJEONGM- 1 27WL5B</td></tr>
<tr><td>⑤ 1번 승객 PNR 조회
RT1</td><td>--- AXR RLR ---
RP/SELK1394Z/SELK1394Z AA/GS
31JAN16/0459Z 27WL49
7009-0673
1.LEE/SARANGMS
2 KE 643 Y 01MAR 2 ICNSIN HK1 1420 1955 01MAR E
KE/27WL49
3 KE 642 Y 08MAR 2 SINICN HK1 0130 0840 08MAR E
KE/27WL49 → KE642편을 1번 승객으로 지정하여 왕복예약됨
4AP SEL 1566-0014 - TOPAS TRAINING UNIVERSITY - A
5 TK OK31JAN/SELK1394Z
6 OPW SELK1394Z-12FEB:1900/1C7/KE REQUIRES TICKET ON OR BEFORE 14FEB:1900/S2-3</td></tr>
</table>

	7 OPC SELK1394Z-14FEB:1900/1C8/KE CANCELLATION DUE TO NO TICKET/S2-3 * SP 31JAN/AAGS/SELK1394Z-NHP PROC SP31JAN : PNR이 31JAN에 분리되었음 AAGS : 직원 SINE SELK1394Z : 작업한 Office ID NHP PROC : NHP작업에 따라 PNR이 분리되었음을 표시
⑥ Cross-Reference PNR 목록 보기 RTAXR	AXR FR PNR : 27WL49 31JAN 1403 1.LEE/SARANGMS 1 * (현재 화면에 조회된 PNR) 2.LEE/WUJEONGM- 1 27WL5B(일행 PNR)
⑦ 일행 PNR 보기 RT2	--- AXR RLR --- RP/SELK1394Z/SELK1394Z AA/GS 31JAN16/0459Z 27WL5B 4097-2624 1.LEE/WUJEONGMS 2 KE 643 Y 01MAR 2 ICNSIN HK1 1420 1955 01MAR E KE/27WL5B → 편도만 예약됨 3 AP SEL 1566-0014-TOPAS TRAINING UNIVERSITY ? A 4 TK OK31JAN/SELK1394Z 5 OPW SELK1394Z-12FEB:1900/1C7/KE REQUIRES TICKET ON OR BEFORE 14FEB:1900/S2 6 OPC SELK1394Z-14FEB:1900/1C8/KE CANCELLATION DUE TO NO TICKET/S2 * SP 31JAN/AAGS/SELK1394Z-NHP PROC → NHP작업에 따라 PNR이 분리되었음을 표시

Quick Guide

SPLIT	SPLIT 순서	RT123-1234 SP1 EF ET	PNR 조회 1번 승객 분리 분리된 Associate PNR 저장 Original Or Parent PNRT 저장
	SPLIT 후 여정변경	RT 234-5678 SB3NOV4 ET	변경대상 NEW PNR 조회 4번 여정을 3NOV로 변경 저장
PNR COPY	입력	RRN	여정과 승객정보 Copy
		RRI	여정만 Copy
		RRP	승객정보만 Copy
		RRA	여정과 승객정보 Copy 및 AXR Record 생성
		RRI/3	좌석 수를 3자리로 Copy
		RRN/S2	2번 여정과 승객정보 Copy
		RRN/CM	여정과 승객정보 Copy하되 Class는 M으로 변경
		RRN/S3CK	승객정보와 3번 여정의 Class를 K로 변경하여 Copy
		RRN/S4D23MAY	승객정보와 4번 여정을 23MAY로 Copy
		RRN/P1,3	여정 및 1, 3번 승객정보만 Copy
NHP	NHP 작업 순서	SS2Y1 SS1Y1 3/P2	1번 여정에 2석 예약 1번 여정에 1석 예약 3번 여정을 2번 승객에게 연결

실습문제

1. 다음 조건으로 PNR을 작성 후 본인의 출발일을 1JUL로 변경하고 본인과 친구의 PNR을 모두 쓰시오. (SPLIT)

> 성명 : 본인, 친구
> 여정 : 03JUL SEL PAR Y/CLASS KE 탑승
> 09JUL PAR SEL Y/CLASS KE 탑승
> 전화 : 사무실 및 각자의 휴대폰 번호 입력

2. PNR작성 완료 후 추가예약을 위해 여정과 승객정보를 Copy하는 지시어를 쓰시오.

3. RRN/P2는 PNR Copy기능 중 어떤 내용의 지시어인지 설명하시오.

4. 다음 조건으로 NHP 기능을 활용하여 PNR을 작성하시오.

> 성명 : 본인, 친구
> 여정 : 01JAN SEL NYC Y/CLASS KE 탑승 → 본인, 친구 모두 이용
> 15JAN NYC SEL Y/CLASS KE 탑승 → 본인만 이용
> 전화 : 사무실 및 각자의 휴대폰 번호 입력

제8장

단체예약(Group)

제8장

단체예약(Group)

1 단체(Group)의 정의

1) 단체구성의 조건

- 단체란 성인기준 10명 이상이 동일한 왕복여정을 동일한 날짜에 함께 여행하는 것을 의미하며 어린이의 경우 2명을 성인 1명으로 간주한다.
- 하나의 PNR에는 99명까지 예약할 수 있다.
  (원활한 Data 전송을 위해 한 PNR에 최대 32명까지만 예약하는 것으로 권장하지만 원칙적으로는 99명까지 가능)

2) 단체의 형태

- 실제 승객이 없는 상태에서 좌석 선 확보 후 모객하는 형태
- 승객이 모객된 상태에서 좌석을 확보하는 형태

3) 단체예약의 특성

- 일반 TOPAS SellConnect Mode에서는 대한항공(KE) 즉, 1A SUA(System User Airline)의 경우 기본적으로 예약 가능하다. 그 외 1A SUA 아닌 타 System 사용 항공사는 지정 항공사로 직접 요청하여야 한다.
  (1A SUA : AF/KE/KL/BA/AY/SA/SV/LH/CX/SQ 등)

  · SEL-KE-PAR-KE-SEL : TOPAS SellConnect에서 단체예약 가능
  · SEL-KE-PAR-AF-LON-KE-SEL : TOPAS SellConnect에서 단체예약 가능
  · SEL-OK-PRG-OK-LON-BA-PRG-OK-SEL : 항공사(OK)로 직접 요청

- 단체예약은 항공사마다 정해진 Class로 예약해야 하며(KE는 G Class적용), PNR을 작성한 뒤 항공사로 Queue전송을 통해 좌석을 요청한 뒤, 차후 항공사로부터 좌석확약 여부를 전송받아야 한다.

2 단체(Group) PNR 작성

1) 단체명 작성

단체를 나타내는 지시어 NG와 단체명을 사용하여 입력한다.

NG17KTC TOUR	NG : Group Name 지시어 17 : 총인원수 KTC TOUR : 단체명(Free text 입력)

```
NG17KTCTOUR

RP/SELK1394Z/
0. 17KTCTOUR  NM: 0 → 실제 명단은 미입력 상태이므로 0으로 표시됨
```

※ KE는 모객성 단체 PNR작성 시 GRF Name Field 마지막 부분에 PKG(package) 또는 INC(incentive)를 입력해야 한다.

입력 Entry 예)

```
NG17KTC TOUR/PKG
```

2) 여정 작성

개인예약과 마찬가지로 Availability를 보고 예약하는 방법과 편명을 알고 직접 예약하는 Direct Segment 예약방식이 있다.

(1) Short Sell Entry

```
AN15MARSELHKG/AKE
```

3월 15일 SEL-HKG 좌석 가능편 조회

```
AN15MARSELHKG/AKE
** AMADEUS AVAILABILITY - AN ** HKG HONG KONG.HK          99 TU
15MAR 0000
 1  KE 603   R7  A1  J9  C9  D9   9  Z8  /ICN    HKG 1  0825   1120   E0/772 3:55
            Y9  B9  M9  S9  H9  E1  K1  L1  U1  Q1  GR
 2 KE 613   P9  A4  J9  C9  D9  I9  Z9  /ICN    HKG 1  1100   1405   E0/744  4:05
            Y9  B9  M9  S9  H9  E9  K9  L9  U9  Q9  N9  T9  GR
 3 KE  601   R8  A2  J9  C9  D9  I9  Z8  /ICN    HKG 1  1345  1650   E0/772   4:05
            Y9  B9  M9  S9  H9  E9  K9  L9  U9  Q9  N9  T9  GR
 4 KE  607   R6  A4  J9  C9  D9  I9  Z9  /ICN    HKG 1  2000  2255   E0/74H   3:55
            Y9  B9  M9  S9  H9  E9  K9  L9  U9  Q9  N9  T9  GR
```

SS17G1/SG	SS(기본 Entry), 17(인원 수) G(KE의GRP Booking Class) 1(Line Number) SG(Sell Group)

```
SS17G1/SG
RP/SELK1394Z/
0. 17KTCTOUR  NM: 0
  1  KE 603 G 15MAR 2 ICNHKG HN17 0825 1120  15MAR  E  0 772 B
     SEE RTSVC
```

(2) Long Sell Entry

```
SSKE603G15MAR SELHKG SG17
```

```
SSKE603G15MARSELHKGSG17
RP/SELK1394Z/
0. 17KTCTOUR  NM: 0
  1  KE 603 G 15MAR 2 ICNHKG HN17 0825 1120  15MAR  E  0 772 B
     SEE RTSVC
```

3) Group Fare 입력

```
SR GRPF KE- GV10
```

항공사 코드, 하이픈(-), 최소 그룹 인원수를 입력한다.

외항사가 결부된 KE Group PNR 작성 시는 SR GRPF 사항에 외항사 코드도 입력하여야 한다.

```
SRGRPFKE-GV10
 RP/SELK1394Z/
  1  KE 603 G 01DEC 4 ICNHKG HN15 0825 1120  01DEC  E  0 333 B
     SEE RTSVC
  2  KE 608 G 15DEC 4 HKGICN HN15 0055 0520  15DEC  E  0 77W M
     SEE RTSVC
     WARNING : THIS SEGMENT IS 334 DAYS IN THE FUTURE
  3 SSR GRPF KE GV10
```

4) 전화번호 입력

AP	여행사 전화번호 입력(등록된번호 자동 입력)
AP 010-1234-5678 KIM/JIHANMR -M	고객 또는 인솔자 전화번호 입력

```
AP 010-1234-5678  KIM/JIHAN MR -M
RP/SELK1394Z/
0. 17KTCTOUR  NM: 0
  1  KE 603 G 15MAR 2 ICNHKG HN17 0825 1120  15MAR  E  0 772 B
     SEE RTSVC
  2  KE 608 G 20MAR 7 HKGICN HN17 0055 0520  20MAR  E  0 74H M
     SEE RTSVC
  3 AP 02-123-4567 KTC TOUR -A
  4 AP 010-1234-5678 KIM/JIHANMR-M
  5 SSR GRPF KE GV10
```

5) 저장

ER

```
ER
--- RLR ---
RP/SELK1394Z/SELK1394Z          AA/GS  7DEC15/1023Z  24HFVY
4798-0936
0. 17KTCTOUR  NM: 0
  1  KE 603 G 15MAR 2 ICNHKG HN17 0825 1120  15MAR  E  KE/24HFVY
  2  KE 608 G 20MAR 7 HKGICN HN17 0055 0520  20MAR  E  KE/24HFVY
  3 AP 02-123-4567 KTC TOUR -A
  4 AP 010-1234-5678 KIM/JIHANMR- M
  5 TK OK07DEC/SELK1394Z
  6 SSR GRPF KE GV10
```

※ 1차 ER 입력 후 PNR 번호 생성, 2차 ER 입력 후 저장 및 확약을 통해 완성된 PNR 작성이 가능하다. 단체 예약의 경우 예약 번호를 임의 지정할 수 없다.

3 단체 승객명 입력 및 취소

1) 승객명 입력

```
NM1KIM/JIHANMR
```

```
NM1KIM/JIHANMR
--- RLR ---
RP/SELK1394Z/SELK1394Z          AA/GS  7DEC15/1023Z  24HFVY
4798-0936
0. 17KTCTOUR  NM: 1
  1  KE 603 G 15MAR 2 ICNHKG HN17 0825 1120  15MAR  E  KE/24HFVY
  2  KE 608 G 20MAR 7 HKGICN HN17 0055 0520  20MAR  E  KE/24HFVY
  3 AP 02-123-4567 KTC TOUR -A
  4 AP 010-1234-5678 KIM/JIHANMR- M
  5 TK OK07DEC/SELK1394Z
  6 SSR GRPF KE GV10
```

(1) 입력된 이름 확인

ER

※ 실제 이름 입력 후 반드시 ER하여 저장한다.

```
ER
--- RLR ---
RP/SELK1394Z/SELK1394Z            AA/GS  7DEC15/1023Z  24HFVY
4798-0936
0. 17KTCTOUR  NM: 1 → 17명 중 1명의 이름이 입력되었음을 표시
  1  KE 603 G 15MAR 2 ICNHKG HN17 0825 1120  15MAR  E  KE/24HFVY
  2  KE 608 G 20MAR 7 HKGICN HN17 0055 0520  20MAR  E  KE/24HFVY
  3 AP 02-123-4567 KTC TOUR -A
  4 AP 010-1234-5678  KM/JIHANMR- M
  5 TK OK07DEC/SELK1394Z
  6 SSR GRPF KE GV10
```

2) 이름 취소

(1) 일부 승객 취소로 인한 승객이름 삭제

XE3	3 : 3번 승객 취소
RTN	예약명단 확인

```
--- RLR ---
RP/SELK1394Z/SELK1394Z          AA/SU   5FEB20/0257Z   T4G7K2
2566-0014
0. 12KTC TOUR  NM: 3
  4  KE 603 G 14MAR 6 ICNHKG HN15 0820 1120  14MAR  E  KE/T4G7K2
  5  KE 608 G 19MAR 4 HKGICN HN15 0055 0520  19MAR  E  KE/T4G7K2
  6 AP SEL 1566-0014 - TOPAS TRAINING UNIVERSITY - A
  7 TK OK05FEB/SELK1394Z
  8 SSR GRPF KE GV10
```

〉XE3 → 이름 입력된 3번 승객 취소

```
--- RLR ---
RP/SELK1394Z/SELK1394Z          AA/SU   5FEB20/0257Z   T4G7K2
2566-0014
0. 12KTC TOUR  NM: 2   → 2명으로 감소됨
  3  KE 603 G 14MAR 6 ICNHKG HN14 0820 1120  14MAR  E  KE/T4G7K2
  4  KE 608 G 19MAR 4 HKGICN HN14 0055 0520  19MAR  E  KE/T4G7K2
  5 AP SEL 1566-0014 - TOPAS TRAINING UNIVERSITY - A
  6 TK OK05FEB/SELK1394Z
  7 SSR GRPF KE GV10
```

〉RTN → 예약명단 확인

```
RP/SELK1394Z/SELK1394Z          AA/SU   5FEB20/0300Z   T4G7K2
2566-0014
0. 12KTC TOUR  NM: 2
BKD:15             CNL: 1 (취소 1명)             SPL: 0
 1.KIM/DAEHANMR   2.LEE/HANGGONGMR
*TRN*
```

(2) No Name에서 감원

No Name 중 삭제할 인원수를 Split하여(SP0.2 → EF → ET)

분리된 PNR의 여정을 취소한다(RT0000-0000 → XI → ET).

SP0.2	SP : SPLIT, 0.2(No Name 2명)

```
--- RLR ---
RP/SELK1394Z/SELK1394Z          AA/GS  7DEC15/1057Z  24HHJJ
4406-7456
0. 14KTCTOUR  NM: 3
  4  KE 603 G 15MAR 2 ICNHKG HN17 0825 1120  15MAR  E  KE/24HHJJ
  5  KE 608 G 20MAR 7 HKGICN HN17 0055 0520  20MAR  E  KE/24HHJJ
  3 AP 02-123-4567 KTC TOUR -A
  4 AP 010-1234-5678 KM/JIHANMR- M
  8 TK OK07DEC/SELK1394Z
  9 SSR GRPF KE GV10

> SP0.2    → No Name 2명 분리
--- RLR ---
-ASSOCIATE PNR-
RP/SELK1394Z/SELK1394Z          AA/GS  7DEC15/1057Z  XXXXXX
0.  2KTCTOUR  NM: 0
  1  KE 603 G 15MAR 2 ICNHKG HN2  0825 1120  15MAR  E  KE/24HHJJ
  2  KE 608 G 20MAR 7 HKGICN HN2  0055 0520  20MAR  E  KE/24HHJJ
  3 AP 02-123-4567 KTC TOUR -A
  4 AP 010-1234-5678 KM/JIHANMR- M
  5 TK OK07DEC/SELK1394Z
  6 SSR GRPF KE GV10
  7 SSR GRPS YY TCP 17 KTCTOUR
  * SP 07DEC/AAGS/SELK1394Z-24HHJ
```

4 Group PNR 항목별 확인

Code	Entry	기능
N	RTN	최종 Name Element 확인
W	RTW	실 명단 + 전체 PNR

1) 입력된 실 명단 확인

```
RTN
```

RTN

RP/SELK1394Z/SELK1394Z AA/GS 2FEB16/1335Z 24HHJJ

4406-7456

0. 14KTCTOUR NM: 2

BKD:17 (총 인원) CNL: 1 (취소 인원) SPL: 0 (분리된 인원)

1.KIM/JIHANMR 2.LEE/SORAMS → 입력된 2명의 승객명이 조회됨

2) 실 명단 + 전체 PNR 보기

```
RTW
```

```
RTW
--- AXR RLR ---
RP/SELK1394Z/SELK1394Z            AA/GS   2FEB16/1335Z   24HHJJ
4406-7456
0. 14KTCTOUR  NM: 2
BKD:17          CNL: 0           SPL: 1
 1.KIM/JIHANMR   2.LEE/SORAMS
 3  KE 603 G 15MAR 2 ICNHKG HN16 0825 1120  15MAR  E  KE/24HHJJ
 4  KE 608 G 20MAR 7 HKGICN HN16 0055 0520  20MAR  E  KE/24HHJJ
 3 AP 02-123-4567 KTC TOUR -A
 4 AP 010-1234-5678  KM/JIHANMR - M
 7 TK OK07DEC/SELK1394Z
 8 SSR GRPF KE GV10
 9 SSR GRPS YY TCP 17 KTCTOUR
 * SP 02FEB/AAGS/SELK1394Z-273MAA
```

Quick Guide

단체명	NG17KTC TOUR	인원수와 GRP Name(임의) ☞ 승객 실제 성명은 PNR 완료하여 PNR 번호 생성 이후 입력
여정	AN15MARSELHKG/AKE SS17G1/SG	항공사로의 원활한 Data 전송을 위해 단체의 경우 SG Code 입력한다.
GRP Fact	SR GRPF KE- GV10	GRP Fare Data 필수 입력(단체명과 총 인원정보는 자동입력됨)
AP	AP 02-123-4567 KTC TOUR-A	해당 여행사명과 전화번호 입력
저장	ER	저장 후 재조회
승객명	NM1KIM/JIHAN MR	확보된 승객 명단 입력

이름취소 (일부 승객 취소)	XE3	3번 승객 이름 및 전 여정 취소
No Name 감원	SP0.2	이름 미입력된 2명을 분리하여 여정 취소
여정 삭제	XI XE3	XI : 전체 여정 삭제 XE3 : 3번 스케줄 삭제

실습문제

1. 다음의 단체 PNR을 작성하시오.

> 단체명 : HAPPY TOUR
> 총원 : 15명
> 여정 : 12JUN ICN BKK(KE), 16JUN BKK ICN(KE)
> 연락처 : 02-777-2000 HS/LEE
> 그룹 운임종류 : GV10

2. 예약 후 본인이름 외 2명의 승객명을 입력하시오.

3. 작성된 위의 PNR에서 No Name 3명을 취소하시오.

제9장

예약코드와 PNR History

1. 예약코드
   1) 예약코드란
   2) 예약코드의 종류
   3) 예약코드의 흐름도
   4) 예약상태 코드로의 변경
2. PNR History
   1) PNR History 개요
   2) PNR History Codes
   3) PNR History 조회 Entry
   4) PNR History의 이해

제9장

예약코드와 PNR History

1 예약코드

1) 예약코드란(HE Code)

좌석을 예약하기 위해서는 시스템에 유지되고 있는 Inventory(좌석 재고)를 일련의 코드를 통해 요청하고 (Action code) 그에 대한 응답을 받아 (Advice code) 상태를 유지하는 (Status code) 형태로 이루어진다. 전 세계 항공사가 공통적으로 사용하는 여러 코드를 IATA에서 정해놓고 있다.

2) 예약코드의 종류

종류	요청형태	내용
요청코드(Action Code)	여행사 → 항공사 항공사 → 항공사	항공사로 좌석을 요청하는 코드
응답코드(Advice Code)	항공사 → 항공사 항공사 → 여행사	여행사로 요청한 좌석에 대한 응답을 받은 코드
상태코드(Status Code)	PNR에 최종적으로 유지되는 코드	

(1) 요청 코드(Action Code) 여행사 → 항공사, 항공사 → 여행사

NN	Need Segment. Reply Required Indicating Action Taken Using Appropriate Code. 좌석 또는 호텔 등 부대 서비스 요청 시 사용하는 가장 기본적인 요청코드
LL	Add to Waiting List(Non Amadeus Carrier) 대기자로 예약 시 사용
SS	Sold(Authorized Sell) 좌석을 판매한 상태
OX	Cancel only if requested segment is available 이미 확약되어 있는 Segment 대신 대체편을 요청하며 확약 시 기존의 SEG를 취소해 달라는 조건부 취소 요청 시 사용
DK	좌석판매 confirm을 나타내는 코드
DW	대기자 요청 코드
PK	타 GDS에서 예약한 여정의 경우, 발권을 위해 사용하는 코드(기존 QK 코드)
GK	실제 예약이 이루어지지 않은 상태에서 FARE PRICING용으로 사용되며, 발권은 불가하고 해당 항공사로 메시지 전송은 되지 않는 코드
SG	GROUP BOOKING 시 사용되는 요청 코드
PE	PRIORITY WAITLIST, 대기 좌석 요청 시 사용(1A SUA)

(2) 응답 코드(Advice Code) 항공사 → 여행사, 항공사 → 항공사

KK	Confirming 좌석 또는 기타 서비스 요청 사항이 OK되었음을 통보함
UU	Unable – Have waitlisted 요청된 좌석이 현재는 불가하며 대기자 명단에 있음을 통보함.
UC	Unable to confirm or waitlist. Unable to accept, request, waitlist or sale 요청된 내용의 확약도 불가하며 대기자도 불가함을 통보
US	Unable to accept sale. Flight, class, date, segment closed. Have waitlisted. Sell & Report Agreement에 의거 좌석을 판매하였으나, 해당 항공사가 Accept하지 않음. 대기자 명단에 List된다.
UN	Unable. Flight does not operate or special service not provided. 요청한 비행편이 운항을 하지 않거나 요청한 서비스가 제공되지 않음을 통보.
NO	No action taken. 요청사항이 잘못 되었거나 기타의 이유로 Action을 취하지 않았음을 통보. Action을 취하지 않은 경우 이유는 Fact란에 통보된다.

KL	Confirming from waiting list. 대기자 명단에 있던 승객의 좌석이 OK되었음을 통보.
HX	Cancelled. Have cancelled for segment specified has been adjusted. 항공사에 의해 해당 여정이 취소되었음을 통보. 주로 발권시한(TTL) 경과, 도착 info 부재, name change 등 예약규정에 맞지 않는 요청의 경우 항공사에서 사전 정리할 목적으로 사용. 취소 사유는 Fact 사항으로 통보됨
TK	출반시간 변경이나 flight number 변경으로 인해 변경된 스케줄로 OK되었음을 통보 주로 UN/TK가 함께 보인다(HK → UN → TK).
TL	기존 대기 상태에서 출발시간 변경이나 flight number 변경으로 인해 변경된 스케줄로 대기자 명단에 list되었음을 통보 (HL → UN → TL)

(3) 상태 코드(STATUS CODE)

HK	Holds confirmed. 예약이 확약되어 있는 상태.
HL	Have waitlisted. 예약이 대기자 명단에 있는 상태.
RR	Reconfirmed. 예약 재확인까지 마친 상태.

(4) 기타 코드

DL	Deleted from confirming list KL로 좌석이 OK되었으나 일정 시간 동안 확인하지 않아 OK명단에서 취소됨. 이 경우 다시 대기 예약해야 함.
HN	Holding Need, Pending for Reply 항공사 좌석을 요청하고 응답이 오기까지 유지되는 코드 그룹의 경우 SG로 요청하면 HN으로 보인다.

3) 예약코드의 흐름도

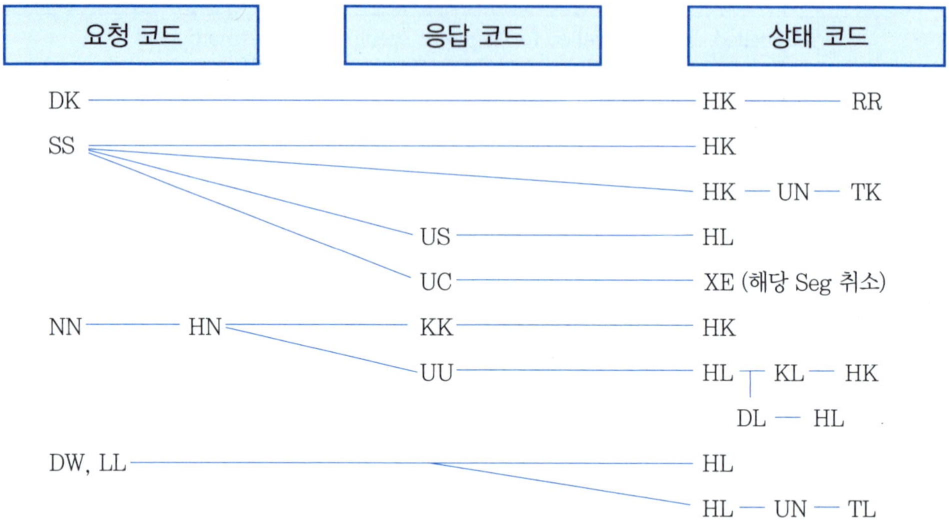

4) 예약 상태 코드로의 변경

응답코드는 반드시 상태코드로 변경하여 현재 좌석의 상태가 어떠한 지를 명확히 확인하여야 한다. 상태코드로의 정리 방법은 두 가지가 있다.

(1) 자동정리

응답코드가 유입되면 해당 내용을 승객에게 전달 후 자동 정리방법으로 상태코드로 정리하는 방법이다.

예) 대기명단에서 좌석이 OK되었다는 응답이 유입된 경우

```
-- RLR ---
RP/SELK1394Z/SELK1394Z          AA/GS  30JAN16/0554Z   27V73K
4609-9292
 1.KIM/INHOMR   2.KANG/CHULSOOMR
 3  KE 603 Y 12JUN 7 ICNHKG KL2  0830 1120  12JUN  E  KE/27V73K
                              → 대기자에서 좌석이 OK되었음을 통보
 4  KE 608 Y 15JUN 3 HKGICN HK2  0055 0520  15JUN  E  KE/27V73K
 5 AP SEL 1566-0014 - TOPAS TRAINING UNIVERSITY - A
 6 AP 010-123-2222-M/P1
 7 AP 010-123-4567-M/P2
 8 TK OK30JAN/SELK1394Z
```

ETK	OR	ERK
상태코드 자동정리+PNR작성		상태코드 자동정리+PNR저장+PNR조회

```
-- RLR ---
RP/SELK1394Z/SELK1394Z          AA/GS  30JAN16/0554Z   27V73K
4609-9292
 1.KIM/INHOMR   2.KANG/CHULSOOMR
 3  KE 603 Y 12JUN 7 ICNHKG HK2  0830 1120  12JUN  E  KE/27V73K
                              → 응답코드 KL에서 상태코드 HK로 변경됨
 4  KE 608 Y 15JUN 3 HKGICN HK2  0055 0520  15JUN  E  KE/27V73K
 5 AP SEL 1566-0014 - TOPAS TRAINING UNIVERSITY - A
 6 AP 010-123-2222-M/P1
 7 AP 010-123-4567-M/P2
 8 TK OK30JAN/SELK1394Z
```

(2) 수동정리

유입된 응답코드를 직접 해당 Segment를 지정하여 상태코드로 정리하는 방법이다.

```
3/HK
```

3번째 여정을 예약이 확약되어 있는 상태(HK)로 정리

2 PNR History(예약변경기록)

1) PNR History 개요

최초 PNR 작성 시의 작업내용, 작성 후 이루어진 모든 변경내역, 이미 탑승을 완료한 여정을 보관 기록하고 있는 부분 (완료한 여정은 PNR history 하단에 위치함)

1회의 Transaction 단위로 작업한 내용이 번호(Step Number : 000,002)로 구분되어 기록

2) PNR history Codes(HE PNR → GP COD → MS22에서 확인 가능)

ON(Original Name)	최초 입력 이름
OS(Original Segment)	최초 입력 SEG
OR(Original SSR)	최초 입력 SSR 사항
RF(Received From)	예약 및 수정 요청자
SA(Added SSR)	추가된 SSR 사항
XS(Cancelled Segment)	취소된 SEG
AS(Added Segment)	추가된 SEG
SP(Split Party)	PNR이 Split됨

3) PNR History 조회 Entry

RH	전체 조회(Queue History 제외)
RHQ	Queue History
RH/ALL	RH+RHQ
RHA	여정 History
RHG	SR.OS, SK Element
RHN,J,R	성명, 전화, Remarks History
RHS2	Seg 2번 History
RTTN/H	항공권
RH055	History Step 번호로 조회
RH/FIND-xxxx	Keyword로 History 조회 Ex) RH/FIND-DOCS

4) PNR History의 이해

```
>RH

① RP/SELK1394Z/SELK1394Z          AA/GS   2NOV15/0144Z   2ZY8LC
② 000 ON/KIM/JIYEONMS KIM/SOONHYUNMR PARK/SOAHMISS(CHD/13DEC07)
③ 000 OS/TG 476 Y 10SEP 2 SYDBKK LK3 1000 1620/NN *1A/E*
④ 000 RO/RSVN/KE/8209-7865
⑤ 000 OR/SSR CHLDTGHK1 13DEC07/PARK/SOAHMISS(CHD/13DEC07)
⑥ 000 OQ/OPW-15FEB:2300/1C7/TG TICKET TIME LIMIT WILL BE GIVEN
        LATER/TG 476 Y 10SEP SYDBKK
⑦ 000 RF-P-SOUTHKOREA/SYSY324 CR-SELK13UA3 17320004 SU 0074AA/
      RO-9CB36F86 MUCWW2AAB 12345675 15FEB1256Z
⑧ 001 RF-P CR-SELK13UA3 17320004 SU 0074AA 15FEB1256Z
⑨ 002 AS/TG 471 Y 15SEP 7 BKKSYD LK3 0800 2000/NN *1A/E*
⑩ 000/002 XO/OPW-15FEB:2300/1C7/TG TICKET TIME LIMIT WILL BE GIVEN
      LATER/TG 476 Y 10SEP SYDBKK
⑪ 002 AO/OPW-15FEB:2300/1C7/TG TICKET TIME LIMIT WILL BE GIVEN LATER
      /TG 476 Y 10SEP SYDBKK/TG 471 Y 15SEP BKKSYD
⑫ 002 RF-P-SOUTHKOREA/SYSY324 CR-SELK13UA3 17320004 SU 0074AA/
      RO-9CB36F86 MUCWW2AAB 12345675 15FEB1257Z
```

① PNR의 Header 부분이 PNR(2ZY8LC)의 예약 Office와 발권 TL 등의 Queuing Office는 SELK1394Z이고 GMT 기준 2015년 11월 2일 1시 44분에 AA/GS Agent에 의해 Upgrade됨

② 최초 PNR 생성 시의 승객명

③ 최초 PNR 생성 시의 Seg

④ Random RSVN NBR Recommend Data로 8자리 숫자로 된 예약번호

⑤ 최초 PNR 생성 시 SSR 사항으로 입력된 Child 생년월일

⑥ OQ : Notification Element Code → 발권시한 warning 목적으로 생성된 code
15FEB:2300/1C7 : TL 관리를 위해 Local time 기준 2월 15일 23 : 00시에 Queue1 Category7로 Queueing TG의 TL은 추후 통보 예정이므로 해당 Queue1 Category7에서 TL통보 여부 확인 필요

⑦ 최초 End of transaction 시 입력된 내용
RF : Received From indicator
P-SOUTHKOREA/SYSY324 : PAS로부터 예약 요청받았고 예약 작성한 Agent의 프로파일에서 이관된 Data
CR : Communications Reference indicator
SELK13UA3 : 예약 작성 Office ID
17320004 : 예약작성 Agent의 IATA Code
SU 0074AA : 예약 작성 Agent의 Duty code와 sign
/RO : Remote Office sign-in
9CB36FE5 : Terminal Indentifier
MUCWW2AAB : Remote Office ID(원격으로 SELK13UA3에 Sign-in한 Agent의OFC ID)
12345675 : Remote IATA Code

⑧ 1ST 변경내역으로 TKTL 입력으로 인한 AUTO Q-ING로 발생됨
→ Queue 관련 History는 RHQ로 확인 가능

⑨ Added Segment : 2ND 변경내역(002)이며 TG471 15SEP BKK/SYD SEG 추가

⑩ Canceled Optional Element : SEG 추가로 인해 최초 입력된 (000)의 내용이 삭제됨(002)

⑪ Added Option Element : SEG 추가로 인해 TG TL 관련 새로운 OPW 내용 입력

⑫ 2ND 변경내역(002)의 요청자와 작업 일시, 직원 sign, Terminal, OFC ID가 반영

실습문제

1. 다음 PNR상의 Code의 의미를 설명하시오.

1 KE 621 C SA 24JUN ICNMNL UN1 0830 1125 CAB C

2. 다음을 자동으로 정리하고 다시 화면에서 재조회하기 위한 ENTRY는?

1 KE 37 M MO 2JUN ICNORD UU2 1810 1705 CAB Y

3. 다음 설명에 대한 코드는 무엇인지 쓰시오.

예약이 대기자 명단에 올려있는 상태

4. 다음 PNR History를 보고 아래 03FEB1511Z에 실시된 변경내역이 무엇인지 쓰시오.

```
000/002 XS/KE 603 Y 12JUN 7 ICNHKG HK1 0830 1120/NN *1A/E*
  002 AS/KE 613 Y 12JUN 7 ICNHKG LK1 1100 1405/NN *1A/E*
001/002 XO/OPW-12FEB:1900/1C7/KE REQUIRES TICKET ON OR BEFORE
  13FEB:1900/KE 603 Y 12JUN ICNHKG/KE 608 Y 15JUN HKGICN
001/002 XO/OPC-13FEB:1900/1C8/KE CANCELLATION DUE TO NO TICKET/
  KE 603 Y 12JUN ICNHKG/KE 608 Y 15JUN HKGICN
  002 AO/OPW-12FEB:1900/1C7/KE REQUIRES TICKET ON OR BEFORE
    13FEB:1900/KE 613 Y 12JUN ICNHKG/KE 608 Y 15JUN HKGICN
  002 AO/OPC-13FEB:1900/1C8/KE CANCELLATION DUE TO NO TICKET/
    KE 613 Y 12JUN ICNHKG/KE 608 Y 15JUN HKGICN
  002 RF-CR-SELK1394Z 00039911 GS 1329AA/DS-9CB3445C 03FEB15
    11Z
```

제10장

Booking Class

1. Class의 종류
    1) Cabin Class
    2) Booking Class
2. Booking Class 선정
3. 운임 조회
    1) 기본지시어
    2) 특정일자 출발의 운임
    3) 특정 항공사 지정 운임
    4) 기타 Option 지정
    5) 운임규정 조회
    6) 운임규정 특정항목 지정 조회
4. Booking Class 조회
    1) KE 한국 출발 국제선 Booking Class

제10장

Booking Class

1 Class의 종류

좌석등급은 크게 항공기에 실제 장착되는 좌석을 기준으로 구분하는 Cabin Class와 운임의 종류에 따라 구분하는 Booking Class로 나눌 수 있다.

Booking Class는 항공사에서 한정된 좌석 수를 활용하여 수익을 제고하고, 승객에게는 보다 다양한 운임의 등급을 제공하여 선택의 폭을 넓혀주는 역할을 하기도 한다.

1) Cabin Class(운송등급)

실제 항공편에 장착하여 운영되는 등급으로 승객이 탑승하는 기내 등급을 말한다.

일반적으로 일등석(First Class), 비즈니스석(Business/Prestige Class), 일반석(Economy Class)으로 IATA Cabin Class F, C, Y 3개 Class를 운영하나 노선 및 기종에 따라 상용석과 일반석의 Two Class 또는 일반석만으로 Mono Class를 운영하기도 한다.

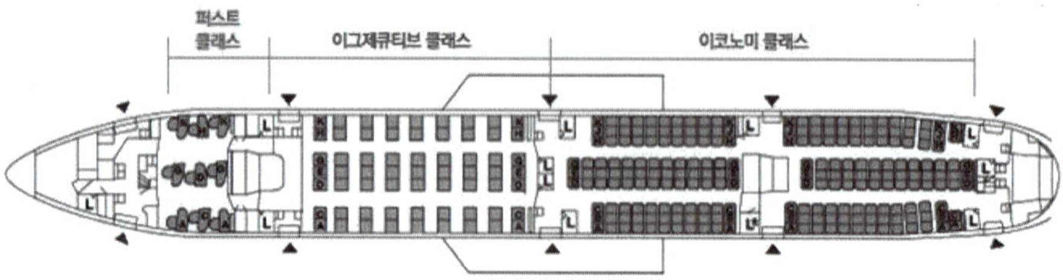

■ 일등석(First Class)

항공사에서 운영하는 가장 High Class이며 항공사에 따라 프리미엄 일등석으로 상위등급을 추가 운영하기도 한다.

일등석의 좌석은 코스모 스위트, 코스모 슬리퍼 시트 등 180도 수평으로 펼쳐지는 침대형 좌석과 대형 모니터, 개인독서등으로 마치 호텔과 같은 안락함을 주는 좌석이 장착된다.

■ 비즈니스석(Business/Prestige/Executive Class)

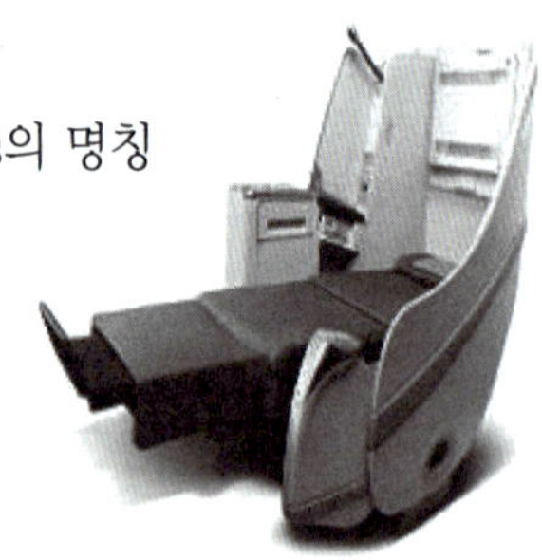

항공사의 우등석이라 할 수 있으며 항공사에 따라 Class의 명칭을 다양하게 사용하며 프리미엄 상용석으로 상위등급을 추가 운영하기도 한다.

침대형 좌석 및 Back Shell이 옆 좌석의 시선으로부터 자유로운, 완벽하게 독립된 개인 사무실 분위기의 좌석을 제공한다.

■ 일반석(Economy Class)

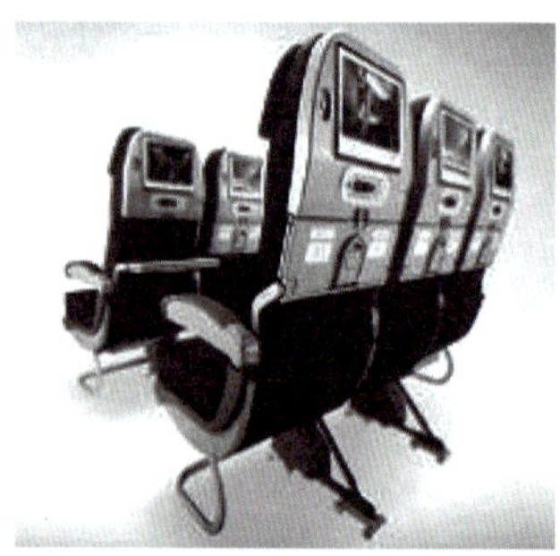

항공기 좌석 중 가장 저렴한 운임의 좌석으로 가장 많은 좌석이 장착되어 많은 고객들이 이용하며 최근 기종들에는 인체공학적 설계의 안락한 좌석과 개인 AVOD를 갖추고 있어 편안한 여행을 돕는다.

2) Booking Class(예약등급)

항공권의 판매지역이나 고객의 여행조건에 따라 운임이 상이하며 이에 따라 항공편에 예약하는 Booking Class도 일등석, 비즈니스석, 일반석의 운송등급 내에서 다양하게 운영된다. 그러므로 예약 시 고객의 여행조건에 맞는 가장 저렴한 운임의 예약등급을 선정하는 것이 중요하며 Airline Booking Class는 R, P, F, J, C, Y, W, K, M, B, Q, T, Z, R, E, V 등 현재 알파벳 중 약 22개를 Class로 사용 중이다.

예약등급을 결정하는 주요 기준으로는

- 판매 지역에 따른 분류
- 수요 특성에 따른 분류
- 여정 특성에 따른 분류로 구분한다.

예약 시 Booking Class를 선정하기 위해서는

- 고객의 탑승 Class를 먼저 확인하고
- 편도, 왕복 및 여행기간
- 중간체류 횟수(Stop Over) 등을 확인하여 선정한다.

2 Booking Class 선정

고객의 출발일자 및 구간에 대한 운임을 조회하고 여행일정에 맞는 Class를 선정한다.

운임의 종류에는 여행개시일로부터 1년간 유효한 정상운임(Normal Fare)과 여행개시일로부터 15일, 6개월 등의 유효기간을 두는 일반석의 특별운임(Special Fare)이 있다.

정상운임은 도중체류 횟수나 최소 체류 기간 등 제한이 없으나 특별운임은 운임규정상의 여러 가지 제한이 따른다.

3 운임 조회

1) 기본지시어

FQDSELBKK	FQD : 기본지시어(Fare Quotation Display) SELBKK 구간 운임 조회

```
FQDSELBKK

FQDSELBKK
BA  BI  BR  B7  CA  CI  CX  CZ  EK     TAX MAY APPLY
ET  GA  GS  HU  HX  HZ  IT  JL  KA     SURCHG MAY APPLY-CK RULE
KE  KL  LH  LJ  MF  MH  MI  MU  NX
NZ  OZ  PR  QF  QR  QV  SQ  S7  TG
TW  VA  VN  WY  XF  ZH  3U  9W  /YY*
AC  AF  AK  BG  CA  CG  CO  C6  D2
D7  EK  FD  FP  FR  FY  F5  GI  GX
G5  HC  HV  H1  JD  KC  KE  LH  LL
LS  MF  M8  NW  OD  OZ  QH  QZ  RY
R3  R8  SB  TB  TO  TW  UA  VJ  VK
VY  WW  W5  W7  XJ  X4  X5  YC  ZH
ZL  Z2  3Q  5Q  6Q  7A  9B  9G  9H
9R  9X
ROE 1193.208 UP TO 100.00 KRW
06DEC15**06DEC15/YY SELBKK/NSP;EH/TPM  2286/MPM  2743
LN FARE BASIS     OW  KRW       RT     B PEN  DATES/DAYS AP MIN MAX R
01 F              1321400              + -    -   -          -   -   - M
02 F                           2402400 + -    -   -          -   -   - M
03 C               1101000             + -    -   -          -   -   - M
04 C                           2001800 + -    -   -          -   -   - M
>                                            PAGE  1/ 2
```

LN	Line Number
FARE BASIS	운임의 종류
OW	One Way Fare
KRW	Currency Code
RT	Round Trip Fare
B	Booking Class
PEN	Penalty Information
DATES/DAYS	Seasonality, 요일 등에 관한 규정
AP	Advanced Purchase(사전구입 조건)
MIN	Minimum Stay(최소 의무 체류기간)
MAX	Maximum Stay(최대 체류 허용기간)
R	R : Routing Information M : Mileage Information

2) 특정일자 출발의 운임

FQDSELLAX/D21NOV	11월21일 출발 SELLAX 운임 조회

```
FQDSELLAX/D21NOV
ROE 1193.208 UP TO 100.00 KRW
21NOV16**21NOV16/YY SELLAX/NSP;PA/TPM  5973/MPM  7167
LN FARE BASIS  OW   KRW  RT     B PEN  DATES/DAYS AP MIN MAX R
01/F           4267000          + -    -          -  -   -   M
02/F                    8127500 + -    -          -  -   -   M
03/C           2858800          + -    -          -  -   -   M
04/C                    5445300 + -    -          -  -   -   M
05/Y1OW        1746100          + -    -          -  -   -   M
06/Y1RT                 3325900 + -    -          -  -   -   M
07/Y2          1390800          + -    -          -  -   -   M
08/Y2                   2649000 + -    -          -  -   -   M
09 Y1OW        1309600          Y -    -          -  -   -   M
10 Y1OW        1309600          Y -    -          -  -   -   M
11 Y1RT                 2494500 Y -    -          -  -   -   M
12 Y2          1043100          Y -    -          -  -   -   M
13 Y2          1043100          Y -    -          -  -   -   M
14 Y2                   1986800 Y -    -          -  -   -   M
15/YLWPX3M              1774100 + +  S22SEP 10DEC + -  4+  3M  M
16/YLXPX3M              1664100 + +  S22SEP 10DEC + -  4+  3M  M
>
```

→ 3M(유효기간 3개월)

3) 특정 항공사 지정 운임

FQDSELTYO/AJL	JL항공의 SELTYO 구간 운임 조회

```
FQDSELTYO/AJL
AI BI BR CA CI CX DL ET GS    TAX MAY APPLY
HU HX IT KA KE KL LH LJ MH    SURCHG MAY APPLY-CK RULE
MU NH NX NZ OZ PR QF QR SB
SQ TW UA VN WY ZE ZH 3U 9W
/YY*AC AF AK BG CA CG CO C6
D2 D7 EK FD FP FR FY F5 GI
GX G5 HC HV H1 JD KC KE LH
LJ LL LS MF M8 NW OD OZ QH
QZ RY R3 R8 SB TB TO TW UA
VJ VK VY WW W5 W7 XJ X4 X5
YC YZ ZH ZL Z2 3Q 5Q 6Q 7A
7C 9B 9G 9H 9R 9X
ROE 1175.264 UP TO 100.00 KRW
05FEB16**05FEB16/JL SELTYO/NSP;EH/TPM  758/MPM  909
              → JL운임이 조회됨
LN FARE BASIS  OW      KRW    RT      B PEN  DATES/DAYS  AP MIN MAX R
01 FOW         654000                 F -    -         -  -   -   M
02 FRT                        1189000 F -    -         -  -  12M  M
03 JOW         541900                 J -    -         -  -   -   M
04 JEOWKR      495000                 J +    -         -  +   +   - R
```

4) 기타 Option 지정

FQDSELSIN/ASQ/D1JUL/IL,X	IL : 항공사 리스트 제외하고 조회 X : 낮은 운임에서 높은 운임 순으로 조회(IX)

```
FQDSELSIN/ASQ/D1JUL/IL,X

ROE 1175.264 UP TO 100.00 KRW
01JUL16**01JUL16/SQ SELSIN/NSP;EH/TPM  2883/MPM  3459
LN FARE BASIS  OW  KRW  RT     B PEN  DATES/DAYS   AP MIN MAX R
01 QKKR3M                  598000 Q  +   S01JUL  22JUL+  -  -    3M    R
                                         A01APR B31MAR
02 WKKR3M                  625000 W  +   S01JUL  22JUL+  -  -    3M    R
                                         A01APR B31MAR
                                  → Booking Class W
```

5) 운임규정 조회

선택한 운임이 가지고 있는 세부 규정(Fare Rule)을 조회하는 기능이다.

FQDSELNYC	SELNYC 운임을 조회하고
FQN1	Line Number 1번 운임의 세부 운임규정을 조회

```
FQN1

FQN1
**  RULES DISPLAY  **                    XF MAY APPLY
                                5900XA/8200XY EXCLUDED
                                OTHER TAX MAY APPLY
06DEC15**06DEC15/YY SELNYC/NSP;PA/TPM  6879/MPM  8254
LN FARE BASIS    OW   KRW  RT   B PEN  DATES/DAYS AP MIN MAX  R
01 F             5129800        +  -    -     -     -   -    -   M
FCL: FOW9     TRF:   3 RULE: 5120 BK:  F
PTC: ADT-ADULT              FTC: FU -FIRST CLASS UNRESTRICTED
RU.RULE APPLICATION
TC31 NORTH AND CENTRAL PACIFIC FIRST CLASS FARES
/056A/
 APPLICATION
  AREA
   THESE FARES APPLY
   BETWEEN KOREA, REPUBLIC OF/MALAYSIA AND THE UNITED
   STATES.
  CLASS OF SERVICE
   THESE FARES APPLY FOR FIRST CLASS SERVICE.
  TYPES OF TRANSPORTATION
  FARE CLASS FOW9 CANNOT BE DOUBLED.
                                      PAGE  1/ 5
```

6) 운임규정 특정항목 지정 조회

(1) SELHKG KE운임 조회

```
FQDSELHKG/AKE/IL,X
```

```
FQDSELHKG/AKE/IL,X
MORE FARES AVAIL IN USD
ROE 1089.320 UP TO 100.00 KRW
24JAN18**24JAN18/KE SELHKG/NSP;EH/TPM  1295/MPM  1554
LN FARE BASIS  OW  KRW  RT  B PEN  DATES/DAYS  AP   MIN MAX R
01 EHEKS              550000 E  +  S08JAN  01MAR  +    -   6M  R
02 HHEKS              610000 H  +  S08JAN  01MAR  - -      6M  R
```

사전구매조건이 있음

(2) 1번 운임에 AP조건이 있으므로 세부규정 확인

FQN1//AP	AP규정만 지정하여 조회

```
FQN1//AP
**  RULES DISPLAY  **
24JAN18**24JAN18/KE SELHKG/NSP;EH/TPM  1295/MPM  1554
LN FARE BASIS  OW  KRW  RT   B PEN  DATES/DAYS   AP MIN MAX R
01 EHEKS                    550000  E  +  S08JAN  01MAR+  +  -   6M  R
FCL: EHEKS    TRF:  8 RULE: KS03 BK:  E
PTC: ADT-ADULT                 FTC: XEX-REGULAR EXCURSION
AP.ADVANCE RES/TKT
FOR EHEKS TYPE FARES
  RESERVATIONS ARE REQUIRED FOR ALL SECTORS.
  WAITLIST NOT PERMITTED.
  TICKETING MUST BE COMPLETED WITHIN 3 DAYS AFTER
  RESERVATIONS ARE MADE.
```

(모든 구간의 예약은 확약되어야 하며 대기예약에 적용 불가한 운임이고
발권은 예약 후 3일 이내 완료해야 함)

4 Booking Class 조회

운임조회 화면에서 Booking Class에 +표시가 있으면 2개 이상의 Class가 사용됨을 의미하므로 이 경우 FQD 조회 후에 FQS로 세부 Booking Class를 조회한다.

SELLAX 운임조회 화면의 Line번호 3번 운임의 세부 Booking Class를 조회하려면

FQDSELPAR/AKE	서울파리 운임을 조회하고
FQS1	Line Number 1번의 Booking Class를 조회

```
FQS1

** RULES DISPLAY **
17JAN16**17JAN16/KE SELPAR/NSP;TS/TPM 5626/MPM 8342
LN FARE BASIS   OW  KRW   RT  B  PEN  DATES/DAYS  AP MIN MAX R
01 ELXEKU              1400000 E  +     -      12345+ + - 12M       R
                        S01NOV 31MAR

PRIME BOOKING CODE WHEN NO EXCEPTIONS APPLY
  E

EXCEPTIONS
    VIA KE  M    REQUIRED  WITHIN KR FLTS 1401-1409
    VIA KE  Y    REQUIRED  WITHIN KR
    VIA AS  G/T  REQUIRED  WHEN AVAILABLE
    VIA AS  V/K  REQUIRED  WHEN AVAILABLE
    VIA AS  Q/L  REQUIRED
```

해당 운임의 주된 Class는 E이지만 Exceptions 사항에 보면 그 외 Class에 적용에 대한 세부 사항이 있음.

1) KE 한국 출발 국제선 Booking Class

(1) High Class

Sky Team BCC(Booking Class Committee) 합의안 기준 Booking Class Code만 변경

Cabin	운임수준	Booking Class	BCC 기준
FR (일등석)	High	F(R/P)	F
	Award	A	
PR (비즈니스석)	High	C(J)	C
	Middle	D	D
	Low	I	I
	Award(U/G)	Z	
	Award(Free of Charge)	O	O

(2) Economy Class

운임수준	Class		BCC 기준
	Class	3/4/6 수송	
High	Y	*	Y
	B	*	B
	M	*	M
Middle	H	*	
	E	*	
	K	*	K
LOW	Q	*	
	T	*	T
GRP(그룹)	G	*	G
Award	X	*	X

Quick Guide

운임조회	특정 구간 운임 특정 항공사 지정 출발일 지정 기타 Option	FQDSELBKK FQDSELTYO/AJL FQDSELNYC/D1NOV FQDSELLAX/IL,X
Booking Class 조회	세부 Class 조회	FQS1
운임규정 조회	해당 운임의 세부규정 조회 해당 운임의 AP(사전구매 조건)	FQN1(1번 운임의 규정) 규정 조회 FQN1//AP(1번 운임의 사전 구매조건)

실습문제

1. Cabin Class를 설명하고 종류를 쓰시오.

2. 8월1일 SELSIN 구간에 SQ항공사를 지정하여 운임을 조회하는 지시어를 쓰시오.

3. 다음 조건에 부합하는 가장 낮은 운임의 Booking Class를 쓰시오.

1. 일반석 성인승객
2. 6월 15일 출발 SELBKK 왕복, 1개월 체류, 전 구간 KE 이용
3. 예약완료일 6월 1일, 발권 예정일 6월 8일

1. 일반석 성인승객
2. 4월 10일 출발 SELLAX 왕복, 3개월 체류, 전 구간 KE 이용
3. 예약 후 즉시 발권

1. 일반석 성인승객
2. 5월 5일 출발 SELSGN 왕복, 8개월 체류, 전 구간 KE 이용
3. 예약 후 10일 후 발권

Ⅲ

항공여객예약 업무의 확장

제11장

Queue

1. Queue의 용도
   1) 저장 용도
   2) Communication 용도
   3) 자동통보 장치 용도
2. Queue의 종류
   1) Special Queue
   2) Dual Queue
3. Queue에 저장된 PNR 처리 절차
4. PNR Queue를 이용한 업무 처리
   1) Queue Count
   2) PNR Sending
   3) Q Bank 접속

제11장

QUEUE

Queue란 예약과 발권 업무 처리를 위해 PNR을 서로 송수신할 수 있는 통신장치로서, PNR/Messge Queue가 있다. Queue는 특성별로 구분(Queue Number)이 되어 있으며 한 Office당 80개의 Queue를 만들 수 있고, 한 개의 Queue번호별 최대 255개의 Category를 구성할 수 있다.

1 QUEUE의 용도

1) 저장 용도

추가조치가 필요한 PNR이나 Message를 보관해두고 필요 시 꺼내 작업할 수 있도록 저장한다.

2) Communication 용도

System상의 사서함이라고 할 수 있으며 대한항공 단말기 사용자 간에 예약업무 처리를 위해 서로 업무협조가 필요할 때 지정된 Queue번호로 해당 PNR이나 Message를 송부하여 필요 조치를 취한다.

3) 자동통보 장치 용도

스케줄 변경 등 예약고객에게 알려야 하는 사항이 발생 시 직원이 신속히 해당 업무를 수행할 수 있도록 담당 직원의 Queue에 자동 통보하여 필요 조치를 취한다.

이 경우 PNR은 직원에 의한 별도의 송부절차 없이 System에서 자동으로 해당 Queue에 저장시킨다.

2 QUEUE의 종류

1) Special Queue

1개의 Q번호별 0~254개의 Category로 구성되어 있다.

2) Dual Queue

1개의 Q번호별 0~254개의 Category로 구성되어 있으며, 하나의 Category당 날짜범위(Date Range)기능을 가진 최대 4개의 Sub Queue로 추가 구성되어 있다. 해당 Sub Queue는 각 Office의 필요에 따라 변경할 수 있다.

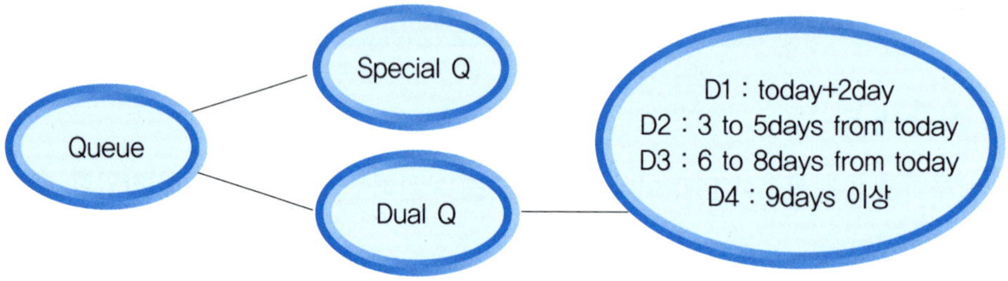

3 Queue에 저장된 PNR 처리 절차

단계	구분	명령어	내용
1단계	Q카운트	QTQ	Empty Q도 조회됨. 카테고리와 Date Range는 표시되지 않는 Summary 조회
		QT	PNR이 있는 Active Q조회, Q 번호별 · 카테고리별 · Date Range별 조회
⬇			
2단계	Q start	Q S0C0	Q 0번, 카테고리 0번
		Q S2C0D4	Q 2번, 카테고리 0번, Date Range 4번
⬇			
3단계	Q 내에서 PNR 작업	QD 또는 IG	현재 조회된 PNR 맨 뒤로 보내고 다음 PNR 보기
		QN	Q에서 PNR 제거 후 다음 PNR 보기
		ET	PNR 변경 작업 후 저장+해당 PNR은 Q에서 제거+다음 PNR 보기
		ER	PNR 변경 작업 후 저장, 해당 PNR 다시 보기
		QES	PNR 저장 후 해당 PNR을 맨 뒤로 보내고 다음 PNR 보기
		ETK	예약 코드 자동 정리 후 저장+해당 PNR Q에서 제거+다음 PNR 보기
		ERK	예약 코드 자동 정리 후 저장, 해당 PNR 다시 보기
⬇			
4단계	Q 종료	QI	Q 종료(조회 중이었던 PNR은 Q에 그대로 보관되면서 처음 순서가 됨
		QF	PNR 저장+해당 PNR Q에서 제거+Q 종료(ET+QI)

※ Queuing된 PNR은 각각 Q Number에 저장되고, 담당자는 해당 Q를 Open하여 작업 후 최종적으로 해당 Q에서 PNR을 내보냄으로써 Q작업을 마치게 된다.

※ Q작업 중에는 Q 안에 들어있는 PNR들이 계속 자동으로 화면에 표시되므로 새로운 PNR 작성은 불가하다, 그러므로 일반 PNR 작성을 위해서는 Q작업 종료 후 진행해야 한다.

※ PNR Q작업 시, 필요 작업을 마치면 OK응답 대신에 해당 Q에 들어있는 다음 PNR이 자동적으로 나타나는데 이 기능을 ADS(Automatic Display Sequence)라고 하며 Q작업을 신속하게 처리하기 위해 고안된 장치이다.

4 PNR Queue를 이용한 업무 처리

1) Queue Count

Ticketing, Option, Delay Queue에 대하여 미래 작업 시간/일/월을 기준으로 처리해야 할 총 PNR 개수를 확인하는 기능

(1) 미래 작업 시간 기준, Ticketing, Option, Delay Queue에서 처리해야 할 총 PNR 개수 확인

QCT

```
> QCT
2308  21JAN     QUEUE COUNT TIME DEFERRED - TKT/OPT/DLY
SELK1394Z       ******* AM ******        ******* PM ******
PNR/TIM         00......5  06......0     12......0  18......1
                01......6  07......0     13......0  19....172
                02......0  08......0     14......1  20......2
                03......0  09......0     15......0  21......0
                04......0  10......0     16......0  22......1
                05......0  11.....12     17......2  23......2
```

QCT 관련 추가 지시어

- QCTT : 미래 작업시간 기준, Ticketing Queue에서 처리해야 할 총 PNR 개수 확인
- QCTD : 미래 작업시간 기준, Delay Queue에서 처리해야 할 총 PNR개수 확인
- QCTO : 미래 작업시간 기준, Option Queue에서 처리해야 할 총 PNR개수 확인
- QCTT/02SEP : 9월 2일에 Ticketing Queue에서 처리해야 할 총 PNR개수 확인

(2) 미래 작업 일자 기준, Ticketing, Option, Delay Queue에서 처리해야 할 총 PNR 개수 확인

```
QCD
```

```
>QCD
2320  21JAN  QUEUE  COUNT  DATE  DEFERRED  –  TKT/OPT/DLYSELK1394Z
TKT/TTL        OPT/TTL      DLY/TTL       TTL
ON QUEUE:    ..2050       .....0    .....0   ..2050
TOTAL        ..7497       ..3796    .....0   .11293
31PLUS       ..7497       ..3796    .....0   .11293
```

QCD 관련 추가 지시어

- QCDT : 미래 작업일자 기준, Ticketing Queue에서 처리해야 할 총 PNR 개수 확인
- QCDD : 미래 작업일자기준, Delay Queue에서 처리해야 할 총 PNR개수 확인
- QCDO : 미래 작업일자 기준, Option Queue에서 처리해야 할 총 PNR개수 확인
- QCDT/SELK1394Z : 미래 작업일자 기준 Office ID SELK1394Z의 Ticketing Queue에서 처리해야 할 총 PNR개수 확인

2) PNR Sending

업무 성격별로 정해진 QUEUE에 PNR을 보내는 방법으로 PNR을 화면에 DISPLAY 한 후 아래와 같이 송부한다.

QE8	QE : Queue Enter, 8 : 번호
QE8C1	QE : Queue Enter, 8 : 번호, C1 : Category 1번
QE/SELK13TA1/8C3D1	QE : Queue Enter, SELK13TA1 : 전송할 Office ID 8C3D1 : 8번 Queue, Category 3번, Date Range 1번

※ Queue Number를 지정하지 않고 QE만 입력한 경우 0번 Queue로 전송된다. Category 번호를 지정하지 않거나, 지정한 Category가 없는 경우 0번 Category 전송되며, 특정 Q에 잘못 들어온 PNR/Message를 Queue 작업 중 다른 Q Number로 QE Entry를 이용하여 이송할 수 있다. 이 경우 해당 Q에서 PNR이 제거되고 이송된다.

3) Q Bank 접속

(1) 소속 Office의 전체 Q Bank Summary 조회

QTQ

```
QTQ
1427 07DEC
QUEUE....SELK1394Z.......Q/TTL.
....DLY/DAT..............  0.
....DLY/TIM..............  0.
Q94.MSG-CP ..............  0.
Q95.      ..............  0.
Q96.MSG-PDR..............  0.
Q97.MESSAGE..............  0.
Q 0.GENERAL..............  2.
Q 1.CONFO  ..............65215.
Q 2.KL     .............. 124.
Q 3.OPTION ..............  23.
Q 4.RPCHNG ..............  0.
Q 5.RATES  ..............  0.
Q 7.SKEDCHG..............  10.
Q 8.TKTG   .............. 1804.
Q 9.OA CTRL..............  3.
Q10.ADVANCE..............  4.
Q12.XTL    ..............  0.
Q14.PURGED ..............  0.
Q15.PUSHPNR..............  1.
```

1427 07DEC : QTQ를 실행한 날짜

QUEUE....SELK1394Z : Q번호

Q/TTL : 작업할 총 PNR/Message 개수

ADDS(ADDITIONS) : Q화면 Reset(QCR) 또는 Q화면 활성화 이후, 추가 전송된 PNR/Message 개수

LQC(Last Queue) : Q Reset 당시의 PNR/Message 개수

IW(Item Worked) : Reset 이후 작업한 PNR/Message TTL 개수

DLY/DAT : Delayed Date/Delayed Queue에 보관된 PNR/Message 개수

MSG-CP : Q 이름

참고-Q/TTL=ADDS+LQC-IW

(2) Active한 전체 Q Bank 조회

Queue Total

```
QT
```

```
2327 22JAN
QUEUE....SELK1394Z.......Q/TTL.
Q 1.CONFO ....................
................    C  0.D4.    7.
....AIR       ...  C  1.D4.  270.
....SPCL SVC ... C  6.D4.  3585.
....OPW TTL  .. .C  7.D1.60231.
....OPC TTL  ...  C  8.D1.58753.
Q 2.KL     ....................
................   .  C  0.D4.  341.
Q 3.OPTION ....................
................      C  0....  16.
Q 7.SKEDCHG...................
....ASC      ...  C  1.D4.  10.
Q 8.TKTG  ....................
................      C  0.D1.    3.
....TIME LIMIT...   C  1.D1.    2.
................      C  1.D4.  2299.
....REVAL   ..  . C  2.D4.    9.
....TIME/DOM .. . C  3.D1.    1.
Q 9.OA CTRL...................
```

■참고 Queue Bank

번호	Q Name	용도	유형
0	GENERAL	General Queue 특정 Queue가 활성화되어 있지 않은 경우, 자동으로 General Queue로 Queuing됨	Special
1	CONFO	Confirmation Queue Non-Group PNR의 Segment 또는 Service 사항에 대하여 Confirmation이 유입된 경우에 Queuing됨	Dual
2	KL	Confirmation from Waitlist Queue Non-Group PNR의 Air segment가 대기자에서 확약으로 변경된 경우에 Queuing됨	Dual
3	OPTION	Option Queue PNR의 Option Element에 입력되어 있는 날짜에 Queuing됨	Special
4	RPCHANG	Responsible office Change Queue PNR의 Responsible(RP) Office가 변경된 경우 Queuing됨	Special
5	RATES	Rates Queue 현재 이 Queue로는 PNR이 AUTO Queuing 되지 않음	Special
7	SKEDCHG	Schedule Change Queue Schedule Change가 업데이트된 PNR이 Queuing됨	Dual
8	TKTG	Ticketing Queue PNR의 Ticketing element에 입력되어 있는 날짜에 Queuing됨	Dual
9	OA CTRL	Other Airline Control Queue 시스템에 의해 자동으로 Queuing Office가 변경된 PNR이 Queuing됨	Dual
12	XTL	Expired Time Limit Queue 항공권이 발행되지 않아 Time limit이 경과된 PNR이 Queuing됨	Special
14	PURGED	Request for a Purged PNR Queue 'PNR Recall' 기능으로 조회한 PNR 중 아직 Purge 되지 않은 PNR이 Queuing됨('RPPQ')	Special

번호	Q Name	용도	유형
23	RQR	Request for Reply Queue 항공여정 최초 예약 후 48시간 내로 항공사로부터 응답을 받지 못한 PNR이 Queuing됨	Special
25	MLIST	Search PNRs Queue LP(Passenger lists) 기능의 Default queue	Special
26	MLIST	Search PNRs Queue 사용자가 LP 기능 관련 Queue로 사용 가능 (Queue 25와 같은 AUTO Queuing용 Queue는 아님)	Special
80	PTA	Prepaid Ticket Advixe Queue PTA PNR이 Queuing됨	Special
87	GRPS	Group Queue Group PNR 전용 Queue	Dual
94	MSG-CP	Customer Profile Message Queue Customer Profile 관련 Message가 업데이트된 PNR이 Queuing됨	Special
96	MSG-PDR	Past Date Record Message Queue 'PNR Recall' 기능의 Default queue	Special
97	MSG	Message Queue Amadeus ALTEA Inventory를 사용하는 Space Control/ATO/CTO 항공사 직원들이 Text message를 구성하여 전송하는 경우에 해당 Message들이 Queuing됨	Dual

(3) 특정 Q 번호 내의 PNR 조회

❶ Q번호로 조회

QS8	QS : Queue Start 기본 지시어, 8 : Queue 번호

```
TKTG   → 8번 Q의 기능  Q8 C0 D1   (2)
--- RLR ---
RP/SELK1394Z/SELK1394Z          RS/SU   7JAN16/0700Z   24SB34
8808-0015
  1.KIM/CHAEYEONMS   2.SUL/YEHYUNMS
  3  LX 197 Y 07JUL 4 PEKZRH HK2  0645 1120  07JUL  E  LX/24SB34
  4  LX1736 Y 07JUL 4 ZRHFCO HK2  1240 1415  07JUL  E  LX/24SB34
  5  ARNK
  6  BA 579 Y 16JUL 6 VCELHR HK2  1335 1450  16JUL  E  BA/NOSYNC
 7AP SEL 1566-0014 - TOPAS TRAINING UNIVERSITY - A
 8AP M 010-3237-3288/P1
 9TKOK13DEC/SELK1394Z
```

❷ Category 번호로 조회

QS1D4	QS : Queue Start 기본 지시어, 1 : Queue 번호 D4 : Category 번호 4

```
>QS1D4

CONFO   → 확약 Message 기능 Q이다.     Q1 C0 D4   (6)

--- RLR ---
RP/SELK1394Z/SELK1394Z            KA/CS   9DEC15/0529Z   24LWVQ
2267-6713
  1.KIM/TANMR   2.SON/JIJUMTSR(CHD/25DEC07)
  3  CX 417 Y 20FEB 6 ICNHKG HK2  1020 1315  20FEB  E  CX/24LWVQ
  4  ARNK
  5  CX5487 Y 25FEB 4 TPEHKG HK2  1045 1245  25FEB  E  CX/24LWVQ
  6  CX 418 Y 25FEB 4 HKGICN HK2  1405 1830  25FEB  E  CX/24LWVQ
  7 AP 033-123-4565 CKU TRVL MR SON
  8 APM 010-2267-6708/P1
  9 TK TL02JAN/SELK1394Z
  10 SSR CHML CX HN1/S3/P2
  11 SSR CHML CX KK1/S5/P2   → 소아식 Confirm Message 유입됨
```

❸ Queue 번호, Category 번호, Date Range로 조회

QS87C7D1

QS : Queue Start 기본 지시어, 87 : Queue 번호

C7 : Category 번호 7, D1 : Date Range 1

```
>QS87C7D1

GRPS   - REVIEW   → 단체예약 Review관련 기능 Q이다   Q87 C7 D1  (925)

--- AXR RLR ---
RP/SELK1394Z/SELK1394Z          AA/GS  4NOV15/0640Z  2Z3YNC
8465-6998
0. 13MANSENE TOUR  NM: 1
  2  KE 657 Y 15NOV 7 ICNBKK        FLWN
  3  KE 660 Y 20NOV 5 BKKICN        FLWN
  4 AP M 010-8465-6998 GD TOUR
  5 TK OK04NOV/SELK1394Z
  6 SSR GRPF KE GV10
  7 SSR GRPS YY TCP 15 MANSENE TOUR
```

❹ 특정 Queue & Category로 조회하기

QC7CE	QC : Queue count 기본 지시어, 7 : Queue 번호 CE : Category Existing 기본 지시어

```
>QC7CE    →7번 방에 존재하는 Category에 있는 Q의 수

0027 23JAN
QUEUE....SELK1394Z.......Q/TTL.
Q 7.SKEDCHG.   →스케줄 변경 관련 Q기능이다.
.14SEP-17SEP-20SEP.
.................C  0.D1.   0.
.................C  0.D2.   0.
.................C  0.D3.   0.
.................C  0.D4.   0.
....ASC      ...C  1.D1.   0.
.................C  1.D2.   0.
.................C  1.D3.   0.
.................C  1.D4.  10.
....ASC      ...C  2.D1.   0.
.................C  2.D2.   0.
.................C  2.D3.   0.
.................C  2.D4.   0.
```

❺ 특정 Q Number의 Category 중 작업할 PNR이 있는 Active Category Queue만 조회

QC8CA	QC : Queue count 기본 지시어, 8 : Queue 번호 CA : Category Active 기본 지시어

```
>QC8CA

0033 23JAN
QUEUE....SELK1394Z.......Q/TTL.
Q 8.TKTG  ..14SEP-17SEP-20SEP.
.................C  0.D1.   3.
....TIME LIMIT...C  1.D1.   2.
.................C  1.D4. 2300.
....REVAL     ...C  2.D4.   9.
....TIME/DOM  ...C  3.D1.   1.
```

❻ Queue 리셋

현재 화면에서 표시된 Q 이후 추가 유입된 PNR/Message 개수를 Reset하여 새로이 반영하고자 하는 경우 사용된다.

QCR

■Queue Entry 정리

구분	Entry	설명
Q 전송하기 PNR 조회 및 Message 작성 후	QE8	8번 Q의 0번 Category로 전송
	QE8C1	8번 Q의 1번 Category로 전송
PNR에서 Q 전송 취소하기	PNR 조회 → RTQ → Qxp3	RTQ : Q목록 확인 QXP3 : 3번 라인 PNR 삭제
Q Bank 접속하기	QTQ	전체 Q Workload 조회
	QC8CE	특정 Q Number의 Category Workload 조회
Active Q 번호만 조회하기	QT	현재 작업할 PNR이 있는 Active Q Number만 조회
	QC8CA	8번 Q의 작업할 PNR이 있는 Active Q Number만 조회
Q Reset하기	QCR	Q 리셋하기
Q 입장하기	QS9	9번 Q, 0번 Category, Date Range D1으로 자동 접속됨
	GS8C11	8번 Q, 11번 Category, Date Range D1으로 입장
Q 제거하기	QN	해당 PNR/Message 제거, 다음 PNR 조회
	ET	PNR 수정 사항 저장 및 해당 PNR 제거, 다음 PNR 보기
Q 작업 보류	QD	Q 작업 보류 및 현재 PNR을 Q의 맨 뒤 순서로 보내기
	QD12JAN/1500	1월 12일 15:00시로 작업 일자 보류
Q 작업무시 & 종료	QI	조회 중인 PNR/Message를 다시 해당 Q에 보관 및 Q 작업 종료
PNR 수정 완료 및 Q 종료	QF	수정 중인 PNR 작업 완료(ET) & PNR 제거 & Q 작업 종료
Q에서 모든 PNR/Message 제거	QR87	87번 Q, 0번 Category 내 모든 PNR 제거
	QR87CA	87번 Q, 모든 Category 내 모든 PNR 제거
	QR87C1	87번 Q, 1번 Category 내 모든 PNR 제거
Q Number 생성	QA5C2	Q 5번으로 Category 2개 생성
	QA6C2D01NOV -15NOV 30NOV	Q 6번, Category 2개, Date Range 포함 생성

구분	Entry	설명
Q & Category Name 수정하기	QAQ5FARES	5번 Q이름을 Fares로 수정
	QAQ5	5번 Q이름 삭제
	QAN5C2MAILING	5번 Q, Category2 이름을 Mailing으로 수정
	QAN5C2	5번 Q, Category2 이름 삭제
Q 번호 삭제	QK4	4번 Q 삭제
PNR 목록 조회	QV0	0번 Q에 작업할 PNR 목록 조회
Q Planner	QVR	PNR별 지정된 Q 번호 확인
	QVR/25JUN	6월25일 기준, PNR별 지정된 Q 번호 확인
	QNRT	Ticketing Q Planner에 지정된 PNR 목록 조회
	QVRD	Delay Q Planner에 지정된 PNR 목록 조회
	QVRO	Optional Q Planner에 지정된 PNR 목록 조회
Q count Planner	QCT	미래 작업 시간 기준 Ticketing/Optional/Delay Q에서 처리해야 할 총 PNR 개수 확인
	QCD	미래 작업 일자 기준 Ticketing/Optional/Delay Q에서 처리해야 할 총 PNR 개수 확인
	QCM	미래 작업 월 기준 Ticketing/Optional/Delay Q에서 처리해야 할 총 PNR 개수 확인

제12장

Skypass

1. Skypass란?
2. Skypass 회원 조회
   1) Skypass 번호로 조회
   2) 이름 생년월일로 조회
3. 회원번호 입력
   1) 항공사에서 FQTV정보를 제공하지 않는 회원번호 입력
   2) 항공사에서 FQTV 정보를 제공하는 회원번호 입력
   3) 탑승 항공사와 마일리지 가입항공사가 다른 경우 회원번호 입력
4. 특정항공사의 마일리지 협정 항공사 리스트 조회
5. 마일리지 조회
   1) 성수기 조회
   2) 적립 마일리지율 조회
   3) 특정구간 적립 마일리지 조회
   4) 공제마일리지 조회

제12장

Skypass

1 Skypass란?

스카이패스는 대한항공의 상용고객 우대제도(Frequent Flyer Program)의 명칭이다. 항공여행을 자주하는 상용 고객을 대상으로 대한항공, 호텔 및 렌터카, 신용카드 등의 제휴사 이용 실적에 따라 마일리지를 적립해 주고 고객은 적립한 마일리지로 대한항공이나 제휴항공사의 좌석 승급 및 보너스 항공권을 제공받을 수 있으며 제휴사의 보너스 사용도 가능하다.

이와 같은 상용고객우대제도는 항공기의 여유 좌석을 활용하여 고객에게 보너스를 제공함으로써 상용고객을 유지하고 증가시키는 항공사의 중요한 마케팅 수단이 되고 있다.

2 Skypass 회원 조회

PNR 작성 시 SKYPASS 회원 번호를 이용하면 예약기록 작성에 필요한 요소 중 여정을 제외한 승객의 모든 기본 정보를 간단한 한번의 Entry로 자동작성할 수 있어 예약기록을 신속히 작성할 수 있다. SKYPASS는 SSR Element의 FQTV(Frequent Flyer Program 키워드로 입력되며, PNR에 SKYPASS 번호를 입력해 놓으면 탑승 시 마일리지가 자동으로 누적된다.

1) Skypass 번호로 조회

FFD KE-BK2425141	승객의 Skypass번호로 조회

```
FFDKE-BK2425141
112326284197
SONG/MISUN MS  → 해당 번호의 승객명이 조회됨
ELITE
```

2) 이름 생년월일로 조회

```
SK*RLB/YYYYMMDD/PARK/SUNAM
```

3 회원번호 입력

지시어	기능
FFAAF-1234567	항공사에서 FQTV 정보를 제공하는 경우 마일리지 회원번호 입력기능으로 FQTV와 승객명이 자동 입력된다.
FFNAC-1233344	항공사에서 FQTV 정보를 제공하지 않는 경우 마일리지 회원번호를 입력하는 지시어로 승객성명 입력 후 FFN을 입력한다.
FFNAA-1233344, BA	탑승항공사와 회원 가입 항공사가 다른 경우 입력지시어 (AA : 가입항공사 , BA : 탑승 항공사)
VFFD KE	특정 항공사 KE와 마일리지 제휴 항공사 리스트 조회

1) 항공사에서 FQTV정보를 제공하지 않는 회원번호 입력

```
FFNAC-1233344
```

```
FFNUA-1234567

--- RLR ---
RP/SELK1394Z/SELK1394Z          AA/GS  20JAN16/0418Z   2656S9
7408-8946
 1.KIM/INSOOMR
 2  KE 705 Y 01SEP 4 ICNNRT HK1  1835 2055  01SEP  E  KE/2656S9
 3  UA 079 Y 05SEP 1 NRTICN DK1  1755 2045  05SEP  E    XYZ
    ADV PAX FLT DEPARTS TERMINAL-1
    BUSINESSFIRST OFFERED THIS FLIGHT
 4 AP SEL 1566-0014 - TOPAS TRAINING UNIVERSITY - A
 5 TK OK20JAN/SELK1394Z
 6 SSR FQTV UA HK/ UA1234567   → UA항공사 회원카드 번호가 입력됨
```

2) 항공사에서 FQTV 정보를 제공하는 회원번호 입력

FFA6X-1234567

FFA : 기본지시어

6X : 항공사

1234567 : 마일리지 카드번호

```
RP/SELK1394Z/SELK1394Z
1. MARSHALL/DAVIDMR
2.*SSR FQTV YY HK/ 6X1234567
```

3) 탑승 항공사와 마일리지 가입항공사가 다른 경우 회원번호 입력

FFNAA-1233344, UA

회원가입 항공사 : AA , 탑승항공사 : UA

```
RP/SELK1394Z/SELK1394Z          AA/GS  20JAN16/0418Z   2656S9
7408-8946
 1.KIM/INSOOMR
 2  UA 079 Y 05SEP 1 NRTICN DK1  1755 2045  05SEP  E
 3 AP SEL 1566-0014 - TOPAS TRAINING UNIVERSITY - A
 4 TK OK20JAN/SELK1394Z
 6 SSR FQTV AA HK/ UA1234567   → AA항공사 회원이나 UA를 탑승하는 경우
```

4 특정 항공사의 마일리지 협정 항공사 리스트 조회

VFFDKE	KE : 확인하고자 하는 항공사 코드

```
VFFDKE

FF AGREEMENTS                                  KE AGREEMENTS: 030
-----------------------------------------------------------------
KE. / AA. AE. AF. AM. AR. AS. AZ. CI. CZ. DL. EK. EY. FM. GA.
      G3. HA. HV. KL. KQ. ME. MF. MU. NW. OK. RO. SU. SV. UX.
      VE. VN.
```

5 마일리지 조회

1) 성수기 조회

대한항공 SKYPASS 성수기 기간을 조회하는 것으로, 성수기에는 항공운임이 더 높은 것처럼 좌석승급이나 보너스 항공권을 사용할 때도 성수기 기간에는 마일리지가 추가로 더 공제된다. 노선별 성수기 기간은 상이하며 성수기 기간은 매년 변경된다.

(ENTERKE로 접속, 조회 후 반드시 EXIT 필요)

ENTERKE	KE System으로 접속
⬇	
SK*RTE/ICNHKG	ICNHKG 구간에 대한 성수기 기간 조회

```
ENTERKE

WELCOME to KE     → KE System에 접속됨

SK*RTE/ICNHKG
SKYPASS HIGH SEASON PERIOD       -- DEP FR ICN / ARR IN HKG
------------------------------------------------------------------
SEQ  FR-DATE    TO-DATE  CARR
------------------------------------------------------------------
1    01JAN2016 - 03JAN2016   KE
2    05FEB2016 - 10FEB2016   KE
3    15JUL2016 - 21AUG2016   KE
4    13SEP2016 - 19SEP2016   KE
5    21DEC2016 - 31DEC2016   KE
6    01JAN2017 - 01JAN2017   KE
7    26JAN2017 - 31JAN2017   KE
8    14JUL2017 - 19AUG2017   KE
9    30SEP2017 - 10OCT2017   KE
10   21DEC2017 - 31DEC2017   KE
```

2016년과 2017년의 성수기 기간이 명시되어 있다.

2) 적립마일리지율 조회

SK*RTA/KE/C	KE/C : 대한항공 C Class 탑승 시 누적률 조회

```
SK*RTA/KE/C

CARR  CLASS  FR-DATE    TO-DATE    RATE   DOM
-------------------------------------------------------
KE     C     01JAN1984   OPEN       125    DOM
KE     C     01JAN1984   OPEN       125
                                    → 기본 마일리지의 125%가 적립됨
```

3) 특정구간 적립 마일리지 조회

같은 구간이라도 제휴항공사별로 도시 간 누적마일리지 기준을 별도 운영함에 따라 실제 마일리지는 항공사별로 조금씩 차이가 날 수 있다.

SK*RTM/SELLAX	SELLAX 구간 탑승 시 적립 마일리지

SK*RTM/SELLAX

PORTION	MILE	FR-DATE	TO-DATE	CARR
SEL-LAX	5968	01MAY2002	OPEN	DL
SEL-LAX	5973	19NOV2012	OPEN	KE

→ SELLAX KE C/CLS 탑승 시 5973마일이 적립됨

4) 공제마일리지 조회

적립된 마일리지로 보너스 항공권을 받고자 할 때 공제되는 마일리지를 조회하는 방법이다. 탑승 시즌과 보너스항공권의 종류별로 공제 마일리지는 모두 상이하다.

FQDICNNRT/MKE/R,U*SKYPASS,TL-TB

FQDICNNRT - 구간

MKE - CORPORATE

R,U*SKYPASS,TL-TB - TIER LEVER

```
FQDICNNRT/MKE/R,U*SKYPASS,TL-TB
ALSO SEE GMPTYO GMPHND ICNHND          TAX MAY APPLY
                                SURCHG MAY APPLY-CK RULE
07DEC15**07DEC15/KE SELTYO/NSP;EH/TPM   758/MPM   909 /SKYPASS
LN FARE BASIS   OW  USD RT   B PEN    DATES/DAYS   AP MIN MAXFR
  운임Type       편도      왕복  BKG CLS, 출발일 적용범위
01*XLSKY       15000   30000   X -      S29SEP 18DEC   -   - 12MCR
02*OLSKY       22500   45000   O -      S29SEP 18DEC   -   - 12MCR
03*ALSKY       32500   65000   A -      S29SEP 18DEC   -   - 12MCR
```

→ 운임 Type별로 공제 마일리지가 상이함

■Rule 조회기능

```
FQN1//RU

FQN1//RU
**  RULES DISPLAY  **                TAX MAY APPLY
                              SURCHG MAY APPLY-CK RULE
07DEC15** 07DEC15/KE SELTYO/NSP;EH/TPM   758/MPM   909 /SKYPASS
LN FARE BASIS    OW   USD  RT   B PEN  DATES/DAYS   AP MIN MAXFR
01*XLSKY       15000    30000 X  -  S29SEP  18DEC  - -  12MCR
FCL: XLSKY    TRF:  8 RULE: KJ01 BK:  X
PTC:  FSC-FREQUENTFLYER  LVL3  FTC:  PRO-ECONOMY  CLASS
PROMOTIONAL
RU.RULE APPLICATION
FOR DEFAULT CONDITIONS
  KE SKYPASS BONUS MILEAGE FARE.
MORNING CALM(MC) AND GENERAL MEMBER(TB) ONLY.
```

Quick Guide

Skypass	Skypass 조회	FFD KE-1234567 ENTERKE (Skypass모드로 접속) SK*RLB/YYYY/MM/DD	Skypass 번호로 조회 주민등록번호로 조회
	Skypass 입력	FFA-KE-12345678 FFNKE -12345678	PNR로 이관 마일리지번호만 입력
	마일리지 조회	성수기 조회 적립마일리지율 조회 특정구간 마일리지 조회 공제마일리지 조회	SK*RTE/ICNLAX SK*RTA/KE SK*RTM/ICNLAX FQDICNLAX/MKE/R, U*SKYPASS, TL-TB

실습문제

1. 다음 DL항공 마일리지 적립률 도표를 보고 D Class 탑승 시 적립률을 쓰시오

```
CARR CLASS FR-DATE  TO-DATE  RATE DOM
----------------------------------------------
DL     A    01APR1997  OPEN    150
DL     B    01APR1997  OPEN    100
DL     C    01APR1997  OPEN    125
DL     D    01APR1997  OPEN    125
DL     E    01APR1997  OPEN      0
```

2. SELPAR 구간의 마일리지를 조회하는 지시어를 쓰시오.

3. 주민등록번호로 Skypass 번호를 조회하는 지시어를 쓰시오.

제13장

사전 좌석 배정

1. 개요
2. Seat Map
   1) 항공사별 Seat Map 확인
   2) 예약가능편 조회 상태에서 Seat Map 조회
3. 좌석배정
   1) PNR에 좌석배정
   2) Seat Map을 제공하지 않는 항공사의 좌석배정

제13장

사전 좌석 배정

1 개요

항공좌석 예약 시 좌석이 확약된 승객을 대상으로 원하는 기내 좌석번호를 미리 지정해주는 것을 사전 좌석 배정이라고 하며 Seat Map을 제공하는 항공사에 한해 좌석배정이 가능하다.

사전 좌석 배정 제한 승객

- 무임항공권 소지승객
- 동일날짜와 항공편에 예약된 10명 이상의 단체승객
- 타 항공사가 운항하는 공동운항편(Code Share)이나 부정기편

사전 좌석 배정 시 유의사항

- 비상구를 비롯한 일부 좌석은 사전 좌석 배정이 제한될 수 있다.
- 탑승 Class별로 좌석배정 가능 시점이 정해져 있으므로 항공사별 확인이 필요하다. (예 : 대한항공 경우 F, C Class 출발 24시간 전까지, EY Class는 출발 48시간 전까지)

- 항공기 교체 등의 부득이한 사유로 사전예고없이 선택한 좌석이 변경될 수 있음을 승객에게 안내한다.
- 일정 시간까지 탑승수속을 마치지 못하는 경우, 선택한 좌석이 다른 좌석으로 변경될 수 있음을 안내한다.

2 Seat Map

1) 항공사별 Seat Map 확인

- 해당 항공사에서 Seat Map 제공 여부 확인 : GGPCAAF
- 항공사에서 제공하는 Seat Assign 정보 확인 : GGAIRAFSEAT

GGPCA AF	AF항공이 SeatMap을 제공하는지 확인

```
GGPCAAF
PARTICIPATING CARRIER ACCESS AND FUNCTION LEVEL
AF  -  AIR FRANCE
                         ALTEA RESERVATION :  YES
   ACCESS INDICATOR :  /        RECORD LOCATOR RETURN :  ALL
LAST SEAT AVAIL INDIC :  /       CARRIER PREFERRED DISP :  ALL
    STANDARD ACCESS :           BOOKING RANGE IN DAYS :  361
 AMADEUS ACCESS SELL :  YES      INTERACTIVE SEAT MAP :  YES
                                 → MAP 제공함을 확인할 수 있다.
 DYNAMIC SCHEDULE UPD :  YES        INTERACTIVE ASR :  YES
 NUMERIC AVAIL UPDATE :  YES        ASR DAYS/HOURS :  361/00
AMADEUS DYNAMIC AVAIL :  YES     BP ISSUE DAYS/HOURS :  000/03
      DIRECT ACCESS :
```

```
PASSIVE SEGMENT:        PASSIVE NOTIFY:         PNR CLAIM:
SERVICE SEGMENT:        DELETE SEGMENT:         TICKETLESS:
MEAL VALIDATION:        FREQUENT FLYER: Y       EPAY:

FOR DECODING ENTER :            E-TKT NBR TRANSMISSION:ALL
GGPCALDEC  (FOR MENU)       PAPER TKNB TRANSM. VIA FA:IND. ONLY
GGPCALDEC1 (FOR ACCESS)  PAPER TNB TRANSM. VIA FHA/FHM:ALL
GGPCALDEC2 (FOR FUNCTION)    OPERATIONAL MVT/DIV FLIFO:Y
```

GGAIRAFSEAT AF에서 제공하는 Seat Assign 정보 확인

```
GGAIRAFSEAT
                    EN  2JUL12 1000Z
               UPDATED BY PARUGAF - JH.UG
.
SEAT MAP        : SEE SM TRANSACTION TYPING **  HE SM  **
----------------------------------------------------------------
SEAT REQUEST
.
AFTER SM DISPLAY : SEE ST TRANSACTION TYPING **  HE ST  **
OR HE SEAT
IF NO SM DISPLAY : AIRIMP TRANSACTION CODES :
.
ST/NSST/P1  FOR NON-SMOKING SEAT
ST/NSSA/P1         //    AISLE  SEAT
ST/NSSB/P1         //    BULKHEAD SEAT
ST/NSSW/P1         //    WINDOW SEAT
: ALL AF FLIGHTS ARE NON-SMOKING FLIGHTS
```

2) 예약가능편 조회 상태에서 Seat Map 조회

Availability 또는 Schedule조회 후 좌석배치도를 확인하는 방법이다.

AN1MAR SELLON/AKE907	KE907편의 Availability 조회

```
AN1MARSELLON/AKE907

** AMADEUS AVAILABILITY - AN ** LON LONDON.GB     39 TU 01MAR 0000
1  KE 907  R8 A3 J9 C9 D9 I9 Z9 /ICN  LHR 4  1300  1630  E0/77W  12:30
           Y9 B9 M9 S9 H9 E9 K9 L9 U9 Q9 N9 T9 GR
```

SM/1/B/V	(Availability 또는 Schedule조회 후)

SM1 : Availability 또는 Schedule Flight Line 번호

B : Class of Service

V : Vertical=세로로 조회한다는 의미

```
SM/1/B/V
SM KE 0907/B/01MARICNLHR/V
SM KE  0907  B 01MAR ICNLHR        77W
   A B C   D E F   G H J        → 좌석배열을 의미
Y 28   X X X  / / /   X X X  28 Y
  29  / / /  / / /    / / /   29
  30  / / /  / / /     / X X  30
  31  / / /  / / /     / X X  31
  32  . . .  . . .     . X X  32
  33  . . .  . . .     . X X  33
  34  . . .  . . .    . . .   34
  35  . . .  . . .    . . .   35
  36  . . .  . . .    . . .   36
  37  . . .  . . .    . . .   37
  38  . . .  . . .    . . .   38
  39  + . .  . . .    . . .   39
  40  . . /  . . .    / . .   40  → 좌석번호의 열을 의미
      A B C   D E F   G H J
. AVAILABLE   ◇ WING     F GEN FACI   K GALLEY   E EXIT    C COT
+ OCCUPIED    - LAST OFF  H HANDICAP   Q QUIET    G GROUPS  P PET
/ RESTRICTED  B BULKHEAD  V PREF.SEAT  X BLOCKED  L LEGROOM U UMNR
() SMOKING    D DEPORTEE  UP UP-DECK   Z NO FILM  I INFANT  R REAR
Y CHARGEABLE   → 좌석배치도 구분
```

※ 좌석배치도의 기호에 따른 해당 좌석 위치를 파악하여 예약가능한 좌석 중 선호 좌석을 배정한다.

(예 ; 앞쪽 복도석 선호 시 32C에 배정 가능)

3 좌석 배정

1) PNR에 좌석 배정

- SM/2/Y/V(여정 번호 2번 지정 및 세로타입으로 Seat Map조회)
- PNR에 승객 중 한 명의 Seat 지정 : ST/29K/S3/P1 (SEG와 승객명)
- 두 명 이상의 승객의 연결 Seat 지정 : ST/37EF
- 좌석 번호 입력 없이 복도 Seat 지정 : ST/A/S3-4/P1

SM3/V	여정 번호 3번 지정 및 세로타입으로 Seat Map 조회

```
--- RLR ---
RP/SELK1394Z/SELK1394Z          AA/GS  22JAN16/1328Z   27B8AE
3814-8368
  1.KANG/MISOMS
  2  CX 415 Y 01APR 5 ICNHKG HK1  0850 1130  01APR  E  CX/27B8AE
  3  CX 412 Y 05APR 2 HKGICN HK1  0100 0535  05APR  E  CX/27B8AE
  4 AP SEL 1566-0014 - TOPAS TRAINING UNIVERSITY - A
  5 TK OK22JAN/SELK1394Z

 SM3/V     →3번 여정의 Map을 세로형태로 조회
SM CX 0412/Y/05APRHKGICN/V                         /S003/
SM CX  0412  Y 05APR HKGICN        333
       A C   D E F G   H K
Y 39 〈B . /   H . . H   / . B〉 39 Y
  40 〈 . H   H . . H   H . 〉 40
  41 〈 . .   . . . .   . .  〉 41
  42 〈 . .   . . . .   . .  〉 42
  43 〈 . .   . . . .   . .  〉 43
  44 〈 . .   . . . .   . .  〉 44
  45 〈 . .   . . . .   . .  〉 45
```

```
46 < . .   . . . .   . .  > 46
47 < . .   . . . .   . .  > 47
48 < . .   . . . .   . .  > 48
49 < / /   / / / /   / /  > 49
50 < / /   / / / /   / /  > 50
51 < / /   / / / /   / /  > 51
     A C   D E F G   H K
. AVAILABLE   ◇ WING       F GEN FACI   K GALLEY   E EXIT    C COT
+ OCCUPIED    - LAST OFF   H HANDICAP   Q QUIET    G GROUPS  P PET
/ RESTRICTED  B BULKHEAD   V PREF.SEAT  X BLOCKED  L LEGROOM U UMNR
() SMOKING    D DEPORTEE   UP UP-DECK   Z NO FILM  I INFANT  R REAR
Y CHARGEABLE
```

ST/41A/S2	2번 여정에 41A번으로 좌석 배정

ST : 좌석 배정 기본 지시어

41A : 좌석 번호

S2 : 2번 여정

```
>ST/41A/S2

--- RLR ---
RP/SELK1394Z/SELK1394Z          AA/GS  22JAN16/1328Z   27B8AE
3814-8368
 1.KANG/MISOMS
 2  CX 415 Y 01APR 5 ICNHKG HK1  0850 1130  01APR  E  CX/27B8AE
 3  CX 412 Y 05APR 2 HKGICN HK1  0100 0535  05APR  E  CX/27B8AE
 4 AP SEL 1566-0014 - TOPAS TRAINING UNIVERSITY - A
 5 TK OK22JAN/SELK1394Z
 6 SSR RQST CX HK1 ICNHKG/41AN,P1/S2   SEE RTSTR → 41A에 좌석이 배정됨
```

ST/A/S3 좌석번호 없이 복도쪽 좌석 요청

```
ST/A/S3

--- RLR ---
RP/SELK1394Z/SELK1394Z          AA/GS  22JAN16/1328Z   27B8AE
3814-8368
  1.KANG/MISOMS
  2  CX 415 Y 01APR 5 ICNHKG HK1  0850 1130  01APR  E  CX/27B8AE
  3  CX 412 Y 05APR 2 HKGICN HK1  0100 0535  05APR  E  CX/27B8AE
  4 AP SEL 1566-0014 - TOPAS TRAINING UNIVERSITY - A
  5 TK OK22JAN/SELK1394Z
  6 SSR RQST CX HK1 ICNHKG/41AN,P1/S2   SEE RTSTR
  7 SSR NSST CX HK1 HKGICN/41C,P1/S3   SEE RTST
      → 복도쪽 좌석 41C가 확약됨
```

2) Seat Map을 제공하지 않는 항공사의 좌석 배정

이 경우는 Seat Map을 제공하지 않으므로 좌석번호는 지정할 수 없고 창측, 복도측 등 좌석의 Zone만 지정할 수 있다.

GGPCA7C

→ INTERACTIVE SEAT MAP : 공란으로 보여짐

```
> GGPCA7C

PARTICIPATING CARRIER ACCESS AND FUNCTION LEVEL
7C - JEJU AIR
                    ALTEA RESERVATION :
  ACCESS INDICATOR : .      RECORD LOCATOR RETURN : ALL
LAST SEAT AVAIL INDIC :     CARRIER PREFERRED DISP :
   STANDARD ACCESS :        BOOKING RANGE IN DAYS : 361
 AMADEUS ACCESS SELL : YES    INTERACTIVE SEAT MAP :
 DYNAMIC SCHEDULE UPD :          INTERACTIVE ASR :
 NUMERIC AVAIL UPDATE : YES        ASR DAYS/HOURS : 000/00
AMADEUS DYNAMIC AVAIL :        BP ISSUE DAYS/HOURS : 000/00
    DIRECT ACCESS : AVL

 PASSIVE SEGMENT:    PASSIVE NOTIFY:      PNR CLAIM: Y
 SERVICE SEGMENT: Y   DELETE SEGMENT:      TICKETLESS:
 MEAL VALIDATION:    FREQUENT FLYER:        EPAY:

FOR DECODING ENTER :        E-TKT NBR TRANSMISSION:ALL
GGPCALDEC  (FOR MENU)      PAPER TKNB TRANSM. VIA FA:IND. ONLY
GGPCALDEC1 (FOR ACCESS) PAPER TNB TRANSM. VIA FHA/FHM:ALL
GGP
CALDEC2 (FOR FUNCTION)   OPERATIONAL MVT/DIV FLIFO:
```

Non Smoking Window Zone 요청

ST/NSSW	NSSW : Non-Smoking Window Seat

```
ST/NSSW
RP/SELK1394Z/SELK1394Z    S  22JAN16/1408Z   27CA4X
4274-3269
  1.KIM/INHOMR
  2  7C2305 Y 01MAR 2 ICNMNL HK1  1935 2250  01MAR  E 7C/JD01E
  3 APSEL1566-0014 - TOPAS TRAINING UNIVERSITY - A
  4 TK OK22JAN/SELK1394Z
  5 SSR NSSW 7C NN1 ICNMNL/S2   SEE RTSTR  → NSSW로 요청됨
```

Quick Guide

Sea Map 조회	특정 항공사 Sea Map 제공 여부 확인	GGPCA AF
	특정 항공사 좌석배정 정보 확인	GG AIR AF SEAT
	예약가능편 조회상태에서 Sea Map 조회	AN1MAR SELLON/AKE907
	1번 스케줄의 B Class 좌석배치도 조회	SM/1/B
	2번 여정 Y Class를 세로타입으로 조회	SM/2/Y/V
Seat Assign	PNR에서 Assign	ST/29K/S3/P1 (3번여정 1번 승객 29K 좌석) ST/A/S3(복도석 지정) STNSSW (Nonsmoking Window)

실습문제

※ 다음의 Seat Map을 보고 물음에 답하시오.

1. 40C 좌석의 성격을 쓰시오.

2. 지정가능한 맨 앞자리 우측창측 좌석을 배정하는 지시어를 쓰시오.

```
SM CX 0415/Y/01APRICNHKG/V
SM CX  0415  Y 01APR ICNHKG          333
       A  C     D  E F G      H  K
Y 39 <B  .  /     H  .  . H       /  .  B> 39 Y
  40 <     .  H     H  .  . H       H  .   > 40
  41 <     .  .     .  .  .  .       .  .  > 41
  42 <     .  .     .  .  .  .       .  .  > 42
  43 <     .  .     .  .  .  .       .  .  > 43
  44 <     .  .     .  .  .  .       .  .  > 44
  45 <     .  .     .  .  .  .       .  .  > 45
  46 <     .  .     .  .  .  .       .  .  > 46
  47 <     .  .     .  .  .  .       .  .  > 47
  48 <     .  .     .  .  .  .       .  .  > 48
  49 <     /  /     /  /  /  /      /  /  > 49
  50 <     /  /     /  /  /  /      /  /  > 50
  51 <     /  /     /  /  /  /      /  /  > 51
         A  C     D E F  G      H  K
. AVAILABLE  <> WING    F GEN FACI  K GALLEY  E EXIT   C COT
+ OCCUPIED   - LAST OFF  H HANDICAP  Q QUIET   G GROUPS  P PET
/ RESTRICTED  B BULKHEAD  V PREF,SEAT  X BLOCKED  L LEGROOM  U UMNR
() SMOKING   D DEPORTEE  UP UP-DECK  Z NO FILM  I INFANT  R REAR
Y CHARGEABLE
```

3. 예약가능편 조회 후 3번 여정의 Y Class 좌석배치도를 세로타입으로 보는 지시어를 쓰시오.

제14장

새로운 기능 적용

1. 개요
2. 승객 연락처 입력 의무화 관련 EOT 경고 안내
3. 미국행 승객 필수 입력 항목
4. AP연락처 SR 추가 입력 신규 마스크 적용
5. 승객 연락처 입력 안내

제14장

새로운 기능 적응

1 개요

1) 승객 연락처 입력 의무화(SSR CTCM/CTCE) 관련 EOT 경고(warning) 안내

개인정보보안 규정의 강화로, IATA 표준 전화번호 입력 관련한 내용이 추가되었다. 항공기 비정상 운항 발생시 여행사가 작성한 PNR 고객 등에게 해당 항공사의 필요한 정보를 자동적으로 통보할 수 없는 상황에 대한 대비가 필요하여 마련되었다.

2) 미국 행 승객 필수 입력 항목(미국 CDC 발효)

코로나-19상황에 따라 미국 질병통제예방센터(Centers of Diseases Control and Prevention)의 공지사항을 안내이다. 미국 방문 및 경유 시에는 반드시 예약 사항에 네 가지 SSR 항목을 기입해야 하며, 이를 준수하지 않을 경우 미국 법에 따라 벌금이나 페널티가 부과될 수 있다.

3) AP연락처 SR 추가 입력 신규 마스크 적용

APM/APE 항목을 SR 또는 OS 사항으로 입력하는 기능이 적용되었다. APM와 APE로 입력한 고객연락처를 SR 또는 OS 사항으로 변경하여 추가 입력할 수 있다. [MASK – 예약 – AP 연락처 SR 추가 입력]

4) 승객 연락처 입력 안내(종합)

승객 연락처 입력의 종합적인 안내이다.

2 승객 연락처 입력 의무화(SSR CTCM/CTCE) 관련 EOT 경고(warning) 안내

승객 연락처 입력(SSR CTCE/CTCM) 관련하여 PNR 저장 시 시스템에 표출되는 아래 경고 관련한 안내이다.

'WARNING: MISSING SSR CTCM MOBILE OR SSR CTCE EMAIL OR SSR CTCR NON-CONSENT FOR XX'

해당 경고는 비정상 운항 상황에 대비한 IATA 표준 전화번호 입력과 관련한 내용으로 최근 시스템에 변경 반영되었다.

1) 개인정보보안 규정이 강화되면서 IATA 지침에 따라

기존 APE/APM 항목은 입력 주체에 따라 해당 항목의 조회 결과가 달라졌다.(2022년 3월 15일부터) 즉, 여행사가 입력한 APE/APM 항목은 항공사에서 조회 시 조회 불가하며, 'SECURED DATA' 로 표시되어 IATA 표준 연락처 입력 방법인 SSR CTCE/CTCM으로 연락처를 입력하지 않는 경우 승객은 항공사의 비정상 운항(예약 스케줄 변경, 운항 스케줄 변경, 운항 취소 등)과 관련한 안내를 받을 수 없다.

2) 따라서 항공사에 승객의 연락처를 전달하기 위해서는

반드시 SSR CTCE/CTCM 항목으로 연락처를 입력해야 하며, (승객이 연락처 제공 거부하는 경우 SR CTCR) 해당 항목을 입력하지 않는 경우 'WARNING: MISSING SSR CTCM MOBILE OR SSR CTCE EMAIL OR SSR CTCR NON-CONSENT FOR XX'' 경고가 표시된다. 경고를 무시하고 PNR을 완성하면 해당 시점에 미입력한 정보가 히스토리에 기록된다.

승객 연락처 입력 관련 PNR 입력 사항(가, 나 사항은 모두 필수 입력)

가. 필수 입력사항인 APM/APE 항목 입력하여야 PNR 저장 가능
나. SSR CTCE/CTCM 항목을 입력해야 승객 연락처가 항공사에 전달됨(기존 APE/APM 항목은 항공사가 조회 불가)

3) 토파스 여행정보 안내 내용

[예약] 승객 연락처 입력 의무화 및 ENTRY 안내(SSR CTCM/E)

자료원(토파스여행정보) 22/01/05

*Warning 표출 기능 적용일 : 22년 3월 8일
**입력 주체에 따른 APM/APE 보안 설정 기능 적용일 : 22년 3월 15일
***기존 APE/M 항목으로 입력한 승객 연락처는 항공사에서 조회되지 않으므로 반드시 SSR CTCE/CTCM 항목으로 추가 입력이 필요하다. 해당 적용 사항은 국내선/국제선 상관없이 표시된다.

[ENTRY 예시]
SR CTCM - 821011112222
SR CTCE - YUMI//CELL.COM

[예약] 승객 연락처 입력 의무화 및 ENTRY 안내(SSR CTCM/E)

안녕하십니까?

1월 11일 부로 PNR에서 SSR CTCE(Email) 및 CTCM(Mobile 번호) 미입력 상태로 EOT 시도 시, 이에 대한 경고 문구가 표출됩니다.

미입력 시 EOT 전 경고 문구

```
WARNING ; MISSING SSR CTCM MOBILE OR SSR CTCE EMAIL OR SSR
CTCR NON-CONSENT FOR YY
```

(YY : AIRLINE CODE)

WARNING을 무시하고 PNR을 완성하면 해당 시점에 미입력한 것으로 히스토리에 기록됩니다.

무시하고 저장 시 히스토리에 생성되는 RF(RECEIVED FROM) 문구 예

```
001 RF - - CONTACT WARNING BYPASSED FOR KE - TOPAS -
          TA/YJCHANG CR
        - SELKP3107 173000804 SU 0096AA/DS 05JAN0633Z
```

단, 승객이 연락처 제공을 거부하여 SR CTCR 입력 시에는 히스토리에 별도 기록되지 않습니다.

판매한 항공편이 대기 상태이거나 SSR CTCM/E 중 한 가지라도 입력하면 해당 메시지는 더 이상 표출되지 않으나, 비상 운항 관련 원활한 업무를 위해 항시 두 항목을 모두 입력 부탁드립니다.

한편 기존의 APE/APM 항목은 앞으로 입력 주체에 따라 항목 조회 결과가 달라집니다.(2월 1일 부)

여행사가 생성한 PNR을 당사와 동일한 시스템을 사용하는 항공사에서 조회 시 APE/APM 항목만 'SE$CURED DATA' 로 보이며, 반대로 해당 항공사가 추가로 입력한 APE/APM 항목이 있을 경우, 여행사에서 조회 시 해당 항목만 'SE$CURED DATA' 로 처리되어 읽을 수 없습니다.(당사와 동일 시스템을 사용하는 항공사의 예 : KE/OZ/AF/LH/SQ/TG 등)

3 미국행 승객 필수 입력 항목(미국 CDC 발효)

미국행 승객 필수 입력 항목 안내(미 CDC 발효)

자료원(토파스여행정보) 21/11/22

미국 질병통제예방센터(Centers of Diseases Control and Prevention)의 공지사항을 안내이다.

미국 방문 및 경유 시에는 반드시 예약 사항에 아래 네 가지 SSR 항목을 기입해야 한다. 이를 준수하지 않을 경우 미국 법에 따라 벌금이나 페널티가 부과될 수 있다.

1) 적용 대상 : 미국 시민권/영주권자 포함, 미국을 도착 및 경유하여 제3국으로 여행하는 모든 승객 (미국 본토뿐만 아니라 GUM도 대상에 포함)

2) 필요 입력 사항

(1) SSR CTCM: 국가 번호 반드시 표기한 비상 연락처

(2) SSR CTCE: 이메일 주소(@는 // 표기)　ex) ABC//daum.net

(3) SSR PCTC: 비상시 연락처 (승객이 한 명이더라도 1)의 CTCM에 입력한 번호와 다른 가족/친지/지인/숙소 등의 연락 가능한 제3자 번호 입력)

(4) SSR DOCA: 체류지 주소(도로명, 번지수, 도시, 주, 우편번호)

※ 제3국으로 24시간 내 경유 시에는 4)번은 입력 불요

3) 입력 예시(승객이 여럿인 경우 승객 별로 입력)

※ SSR CTCM/PCTC 모두 반드시 국가번호 입력 필요

SR CTCM – 821011112222

SR CTCE – YUMI//CELL.COM

SR PCTC – YUMIKIM/KR821022223333

SR DOCA YY HK1-D-USA-301 PARK AVENUE-NEW YORK-NY-10022/S3

4) PNR 예시(CTCM/CTCE 미입력 시 Warning Message 표출, ER 입력 시 저장되기는 하나 미입력 시 벌금이나 패널티가 부과될 수 있음)

```
- SFP ---
RP/SELK13900/
1.KIM/MINSOO MR
2  KE   017 L 20FEB 7 ICNLAX DK1  1430 0830  20FEB  E  0 77W DB
   SEE RTSVC
3  KE   018 L 25FEB 5 LAXICN DK1  1050 1740  26FEB  E  0 77W LD
   SEE RTSVC
4 AP SEL - TOPAS TRAINING - A
5 RM NOTIFY PASSENGER PRIOR TO TICKET PURCHASE & CHECK-IN:
  FEDERAL LAWS FORBID THE CARRIAGE OF HAZARDOUS MATERIALS -
  GGAMAUSHAZ/S2-3
*TRN*
>ER
  WARNING: SECURE FLT PASSENGER DATA REQUIRED FOR
  TICKETING PAX 1      ← Warning Message
  RANDOM RESERVATION NUMBER RECOMMENDED:2821-6640
>ER   ← 저장
```

5) 시행 일시 : 즉시

4 AP연락처 SR 추가 입력 신규 마스크 적용

[MASK] AP연락처 SR 추가 입력 신규 마스크 적용

자료원(토파스여행정보) 22/05/03

APM/APE 항목을 SR 또는 OS 사항으로 입력하는 기능이 적용되었다.

1. **내용** : APM와 APE로 입력한 고객연락처를 SR 또는 OS 사항으로 변경하여 추가 입력 할 수 있다.

2. **적용일** : 2022년 04월 27일(수)

3. 위치 : MASK – 예약 – AP 연락처 SR 추가 입력

4. 특이사항 : 미주 휴대폰번호를 입력한 APM 항목을 OS사항으로 변경하여 입력할 수 있다.

5. 조회방법과 참고화면

가. MASK 화면 설명

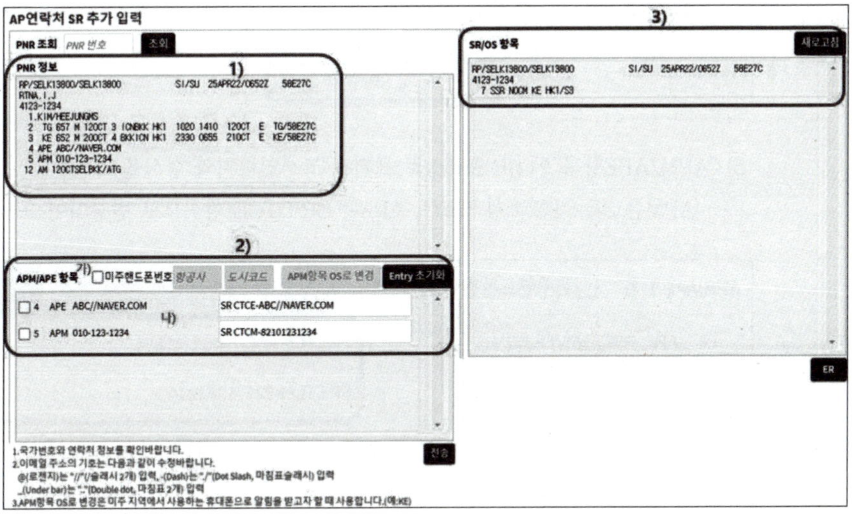

1) PNR 정보 : 조회한 PNR의 승객명, 여정, 연락처 정보를 표시한다.

2) APM/APE 항목

가) 미주지역 체크박스와 항공사코드, 도시코드 입력용 공란과 APM항목 OS로 변경, Entry 초기화 버튼이 있다.

- APM항목 OS로 변경 : SR로 표기된 APM 항목을 OS 항목으로 Entry를 변경한다.
- Entry 초기화 : OS로 변경한 Entry를 변경 전 SR Entry로 다시 변경한다.

나) PNR에 있는 APM, APE 항목을 SR Entry로 변경하여 표시한다. 표시된 고객 연락처를 확인한다.

3) SR/OS 항목 : 마스크 오픈과 전송 버튼을 클릭하는 경우 PNR 부분조회 Entry 〉RTG 결과값은 표시한다.

나. 사용방법

1) 연락처를 SR 또는 OS 사항으로 변경 입력할 PNR을 조회한다.

2) MASK – 예약 – "AP항목 SR 입력"을 클릭한다.

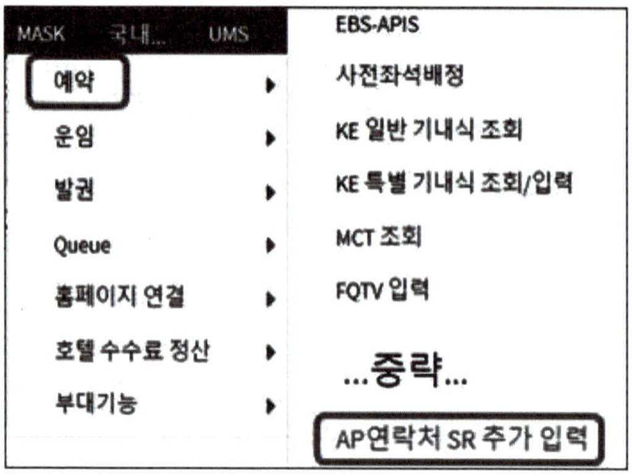

3) "APM/APE항목"에 SR Entry로 표기된 고객연락처와 형식을 확인한다.
   - APM은 SR CTCM 형식으로, APE는 SR CTCE 형식으로 변경되어 표시된다.

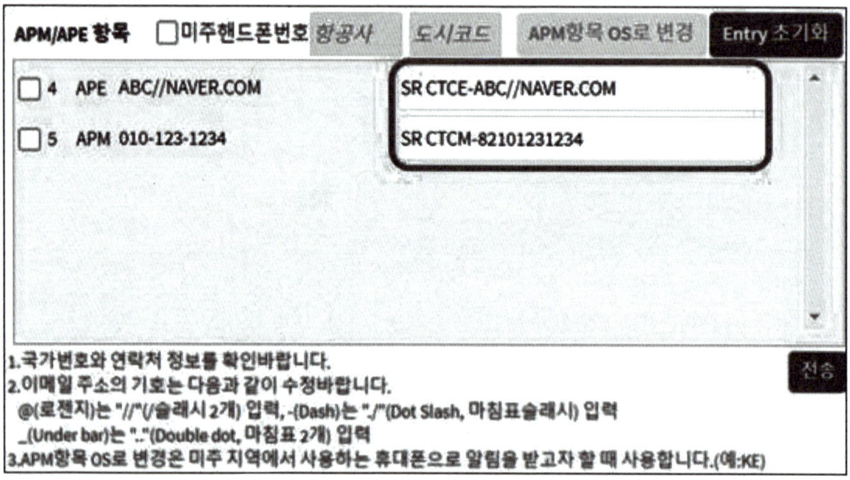

4) SR로 입력할 APM, APE의 번호 앞에 있는 체크박스를 클릭하고 "전송" 버튼을 클릭한다.
5) SR 항목을 조회하는 부분조회 Entry >RTG 결과값이 "SR/OS 항목"에 표시된다. 입력된 SR 항목을 확인한다.

6) "ER"을 클릭하고 팝업된 전송결과를 확인한다.(필요시 ER 2번)

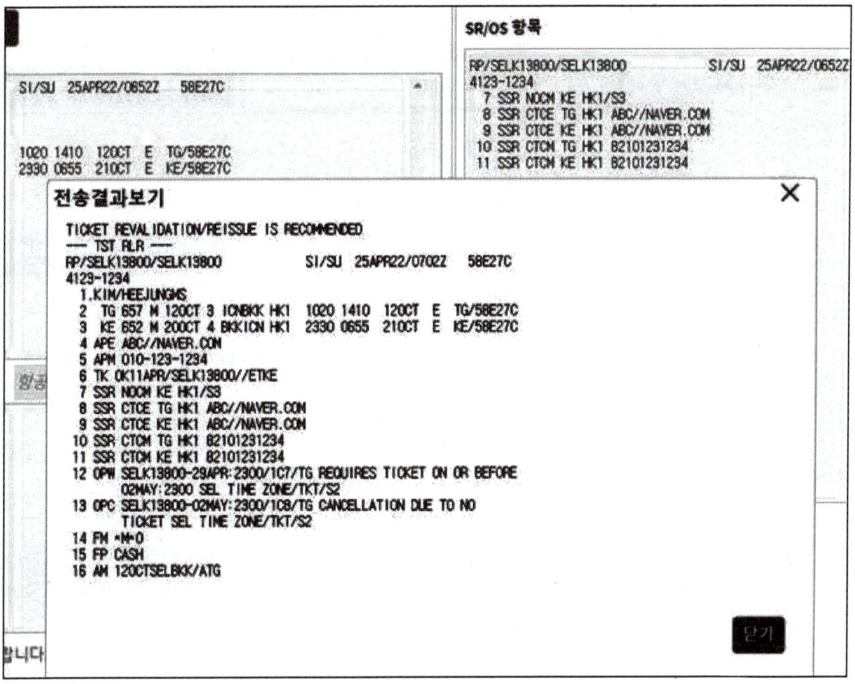

다. 미주 핸드폰번호가 입력된 PNR

1) 대상 : 대한항공(KE)

2) 사용방법

가) 연락처를 SR 또는 OS 사항으로 변경 입력할 PNR을 조회한다.

나) MASK – 예약 – "AP항목 SR 입력"을 클릭한다.

– "APM/APE항목"에 APM은 SR CTCM, APE는 SR CTCE 형식으로 변경 표시됨

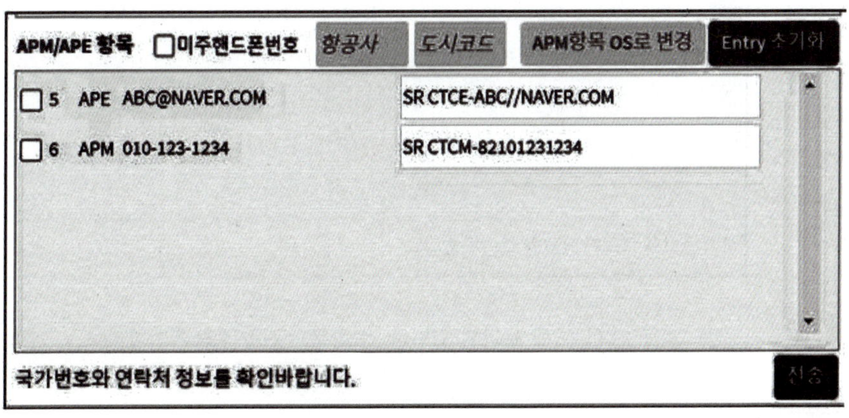

다) "APM/APE항목" 미주지역 앞에 있는 체크박스를 클릭하고, 항공사와 도시코드를 입력한다.

라) OS Entry로 변경할 APM 항목에 체크한다.

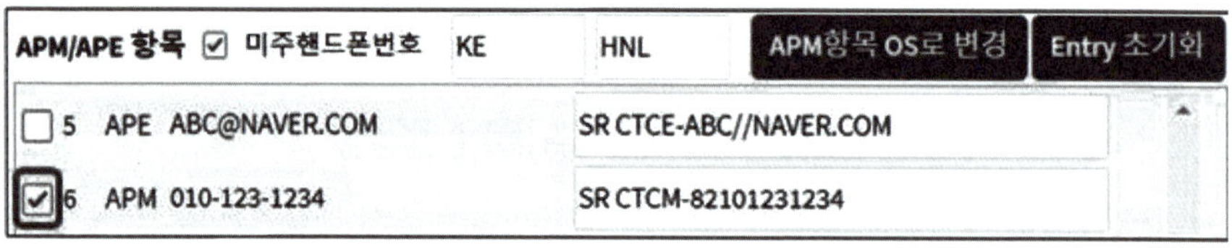

마) "APM항목 OS로 변경" 버튼을 클릭하여 OS 입력 Entry로 변경한다. OS Entry로 표기된 APM 항목을 확인한다.

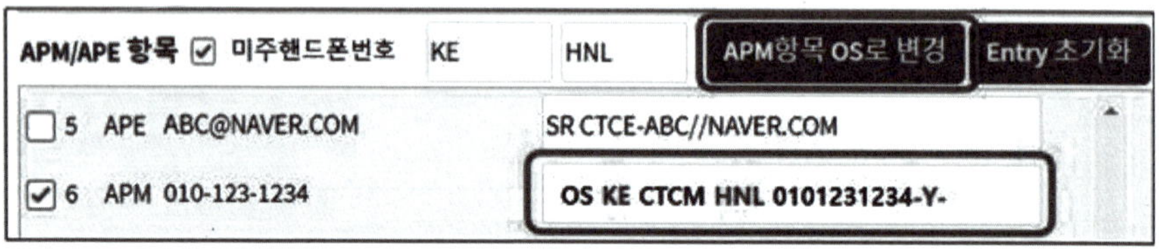

바) "APM/APE항목"에 SR Entry로 표기된 APE 항목을 확인 후 체크하고 "전송" 버튼을 클릭한다.

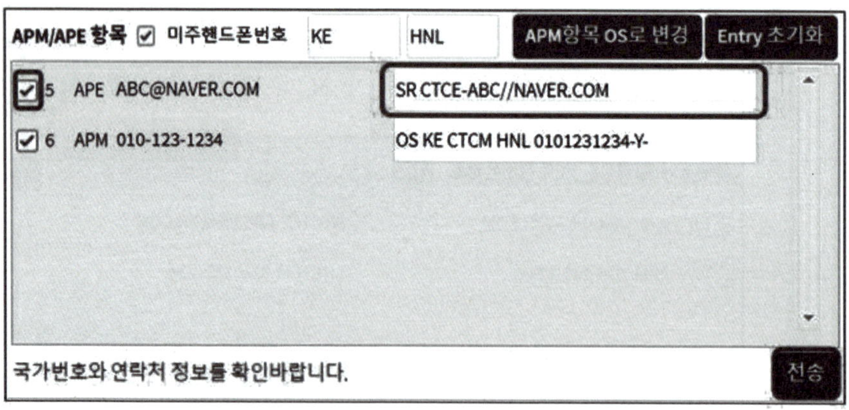

사) "SR/OS 항목"에 표기된 입력한 SR항목, OS항목을 확인한다.

아) "ER"을 클릭하고 팝업된 전송결과를 확인한다.(필요시 ER 2번)

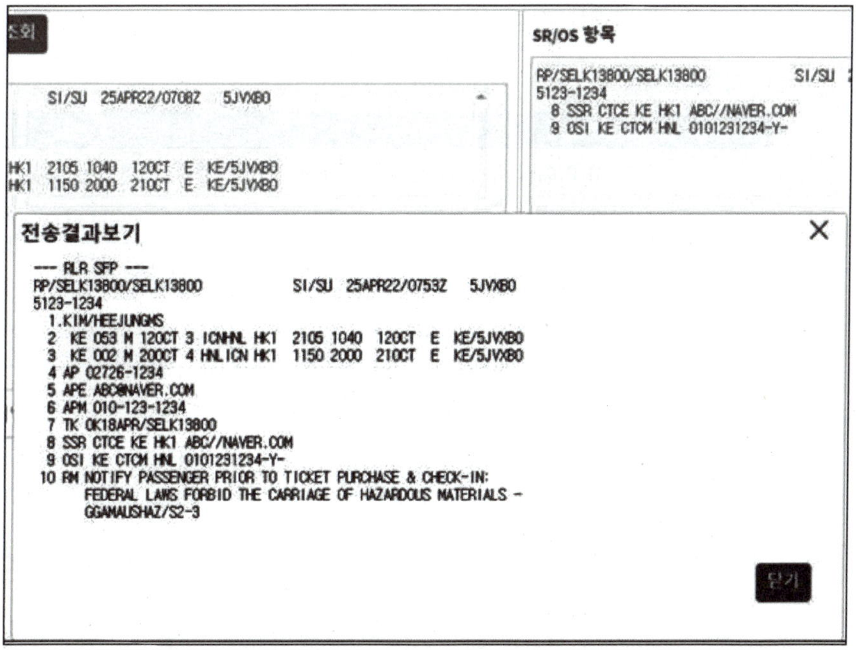

5 승객 연락처 입력 안내(종합)

[예약] 승객 연락처 입력 종합 안내

자료원(토파스여행정보) 22/05/02

승객 연락처 입력 관련 아래 표를 참고하여 업무에 적용한다.

PNR 생성 시 시스템 경고 메시지 성격

AP 항목 전무한 경우	NEED TELEPHONE(미 입력 시 EOT 불가)
KE 구간 예약한 경우	NEED MOBILE PHONE OR EMAIL ADDRESS (미 입력 시 EOT 불가)
전 항공사 공통	WARNING: MISSING SSR CTCM MOBILE OR SSR CTCE EMAIL OR SSR CTCR NON-CONSENT FOR YY* (미 입력 시 EOT 가능, 히스토리에 미 입력 기록됨.)

*YY : 판매한 항공사 코드로 표출

연락처 입력 방법

항공사/지역 불문 공통 입력 방법	(승객 지정 생략)
1) 이메일	SR CTCE - TOTO//TOPAS.NET**
2) 휴대폰	SR CTCM - 821029293939
3) 승객 거부	SR CTCR - PAX REFUSED

**SR 입력 시에는 일부 특수 기호를 아래와 같이 대체 입력:

@	//
-	./
_	..

기존의 APE, APM 항목은 KE 구간 예약 시 입력은 필수 유지하되, 항공사에 보이지 않으므로 위 SSR 항목으로 추가 입력 필요

☞ 직접 입력하거나, MASK〉예약 〉 AP 항목 SR 입력에서 변환 저장 키 실행

특정 항공사/지역 별 추가 입력 방법

KE 미주 지역 휴대폰	OS KE CTCM NYC 917-123-2345-Y-***
전 항공사 공통, 미주 지역 도착/경유 시	SR PCTC - YUMIKIM/KR821029295555****

*** 미주 도시 코드, 지역 번호, 끝자리 -Y- 기재 필수

**** SR CTCM에 입력한 번호와 다른 제2의 연락처로 기재 필수

부록

1. 항공용어
2. 국내운항 주요 항공기 종류와 좌석

부록

1 항공용어

Agency Commission 여행사가 직접 판매한 항공권이나 화물운송계약에 대해 항공사가 지불하는 수수료

Air Tariff AC, BA, JL, SR 등의 항공사가 공동제작한 책자로 전 세계 항공운임과 규정을 수록하고 있음

Airtel Air와 Hotel을 합한 것으로 항공편과 호텔숙박만을 결합한 여행상품

Alliance 노선별 공동운항 및 사용고객 프로그램의 제휴 등을 통해 서비스를 확대하는 항공사 동맹체

APIS(Advance Passenger Information System) 출발지공항 항공사에서 승객의 정보를 상대국법무부, 세관당국에 통보하는 사전심사제도

ARS 항공사의 스케줄 및 좌석현황, 당일 정상운항 여부 등을 전화로 알아 볼 수 있는 자동 응답 서비스

ASP(Advance Seating Prouct) 항공편 예약 시 원하는 좌석을 미리 예약할 수 있도록 하는 사전 좌석 배정 제도

ATA(Actual time of arrival) 실제 비행기가 도착하는 시간

ATD(Actual time of departure) 실제 비행기가 출발하는 시간

ATC Holding(Air Traffic Control Hondilng) 공항의 혼잡 또는 기타 이유로 관제탑의 지시에 따라 항공기가 지상에서 대기하거나 또는 공중에서 선회하는 것

ATR(Agent Ticketing Request) 자체 발권을 할 수 없는 여행사에서 해당 항공사에 직접 발권의뢰

Baggage Tag 수하물에 부착되는 꼬리표로서 승객의 목적지, 항공편 baggage claim번호 등이 적혀 있다.

Baggage Claim 승객이 목적지공항에 도착하여 본인이 탁송한 수하물을 찾을 수 있도록 번호가 적힌 수하물표

Boarding Pass 승객의 탑승을 허용하는 카드로서 탑승구, 탑승시간, 좌석번호 등이 명기되어 있음

Boarding Time 승무원과 기내상태가 승객을 탑승시킬 준비가 완료되고 예정된 시간에 항공기가 이륙할 수 있도록 승객이 탑승을 시작해야 하는 탑승시간

Block Time 항공기가 움직이기 시작하여 (PUSH BACK)해서부터 다음 목적지까지 착륙하여 정지(ENGINE SHUT DOWN)할 때까지의 시간

BSP(Billing Settlement Plan) 항공사와 여행사 간 항공권 판매대금 정산을 은행에서 대행하는 제도

Catering 기내에서 소모되는 물품(기내식, 음료 등)을 공급하는 업무로서 항공회사 자체가 기내식 공장을 운영하며 CATERING을 행하는 경우도 있으나 대부분 CATERING 전문회사에 위탁하고 있다.

Cabotage 한 국가 영토 내의 상업적인 운송규제로 외국항공사가 타 국가 내에서 국내선 구간만을 운송하는 것을 금하는 것

Charter Flight 정기적으로 운항하는 정기편 항공운송과 달리 운항구간, 운항시기, 운항SKD 등이 부정기적인 항공운송 형태

Check-in 항공회사의 체크인 카운터에서 항공권을 제시하고 탑승권(Boarding pass)으로 바꾸는 절차

C.I.Q. CUSOMS(세관), IMMIGRATION(출입국), QUARNTION(검역)의 첫문자로 정부기관에 의한 출입국 심사를 의미한다.

City Terminal 공항 외에 시내에서 이용할 수 있는 공항 터미널

CMBS(Corporate Milege Bonus System) 상용고객우대제도(FTBS)의 개인별 혜택에 추가하여 소속기업 또는 단체에 추가 혜택을 부여하는 제도

Codeshare 다른 항공사의 좌석을 일정 부분 임차하고, 편명을 부여하여 고객들에게 판매하는 항공편을 말한다.

CRS(Computer Reservation System) 항공사가 사용하는 예약 전산 시스템으로서, 단순 예약기록의 관리뿐 아니라 각종 여행정보를 수록하여 광범위한 대고객 서비스를 제공함

CRT(Computer Ray Tube) 컴퓨터에 연결되어 있는 전산장비 일종으로 Main Computer에 저장되어 있는 정보를 조회하고 입력할 수 있는 단말기

DCS(Departure Control System) 공항에서의 탑승수속 및 탑제관리 업무를 전산화한 System

Deportee 입국한 승객이 도착국가의 관계당국에 의해 강제로 추방되는 것

Divert 항공기가 기상 및 위급상황으로 인해 예정공항에 착륙하지 못하고 인근공항에 착륙하는것

Dupe Booking 동일한 승객이 1회의 여행 기간 동안 동일노선에 대해 중복 예약하는 것

Endorsement(양도허용) 한 항공사로 여행하도록 발권한 항공권이 다른 항공사로 여행할 수 있도록 양도를 허락하는 행위

ETA(Estimated Time of Arrival 항공기 도착 예정시간

ETD(Estimated Time of Departure) 항공기 출발 예정시간

E-Ticket 전자항공권

DBC(Denide Boarding Copensation) 해당 항공편의 초과예약 등 자사의 귀책사유로 인하여 탑승이 거절된 승객에 대한 보상제도

Delay 항공기가 기상이나 정비 등의 사정으로 늦게 출발하거나 도착하는 경우

Embargo 어떤 항공사가 특정 구간에 있어 특정 여객 및 화물에 대해 일정 기간 동안 운송을 제한 또는 거절하는 것

Embarkation / Disembarkation card 해외 여행자가 출입국 시에 의무적으로 기입해서 제출해야 하는 양식

ETD(Estimated Time of Departure) 출발예정시간

Excess Baggage Charge 무료수하물량을 초과할 경우 부과되는 수하물 요금

Family Care Service 해외 여행 시 도움을 필요로 하는 고객을 위해 예약, 발권, 운송 및 객실 등 전 분야에 걸쳐 제공되는 서비스

FBA(Free Baggage Allowance) 무료 위탁수하물 허용량

Ferry Flight 유상탑재물을 탑재치 않고 실시하는 비행을 말하며 항공기 도입, 정비, 전세 운항 등이 이에 속한다.

Free Baggage Allowance 여객운임 이외에 별도의 요금 없이 운송할 수 있는 수하물 허용량

FTBS(Frequent Traveller Bonus System) 대한항공 상용 고객에게 제공하는 사은 서비스로서 탑승거리에 따라 무료 항공권 제공 등을 포함한 다양한 혜택이 주어짐

Freighter 승객 이송을 위한 여객기가 아닌 상품 또는 화물을 수송하는 항공기.

Galley 승객에게 식사나 음식물을 서비스하기 위해 음식, 음료수, 기타 소모품을 탑재, 보관할 뿐만 아니라 음식의 조리 등 일반 주방으로서의 기능도 하는 기내 공간

Go Show 예약이 확정되지 않은 승객이 해당 비행편의 잔여좌석 발생 시 탑승하기 위해 공항에 나오는 것

Greenwich Mean Time(GMT) 영국 그리닛치 천문대를 통하는 자오선에서의 평시를, 세계공통의 표준시각으로 한 것. 항공기 운항이나 항공관제에서 통상적으로 GMT가 사용된다. Z(주르)로 표시된다.

GTR(Goverment Transportation Request) 공무로 해외여행을 하는 공무원 및 이에 준하는 사람들에 대한 서비스를 말하며 국가적인 차원에서 국적기 보호육성, 정부예산절감, 외화유출방지 등의 효과를 가지고 있음

Hand Carried Baggage 기내 반입 수하물로 가로, 세로, 높이 합이 115cm 이내 되는 것으로 승객이 항공기 내로 직접 운반하여 좌석밑이나 선반에 올려 놓음

IATA(International Air Transport Association) 국제항공운송협회

INAD(Inadmissible Passenger) visa 미소지나 여권유효기간 만료, visa목적 외 입국 등 입국자격의 결격사유로 관계당국에 의해 입국이 거절된 승객

In Bound 해외에 있는 외국인 또는 내국인이 국내로 들어오는 것

Intermediate Point 항공기가 운송상이나 기술상의 목적으로 정기적으로 착륙하도록 지정된 중간 지점

Local Time 항공여행의 도착지(국가, 도시 등)인 현지의 시간

M/A(Meet & Assist) VIP, CIP 등 특별취급이 필요한 승객에 대해 공항에서의 영접

MCO(Miscellaneous Charges Order) 항공사에서 추후 발행될 항공권의 운임 또는 항공여행 중 부대서비스 Charge를 징수한 경우 등에 발행되는 지불증표

MCT(Minimum Connection Time) 여정 중 특정공항에서 연결편에 탑승하는데 필요한 최소 연결시간

Load Factor 각 비행구간의 공급량에 대한 수송량 점유율

Lost & Found 수하물의 분실물 처리와 찾은 짐을 승객에게 연결시켜 주는 일

Non Revenue Passenger 정상운임의 25% 미만을 지불한 무상승객

No-Record 승객은 예약확약된 항공권을 제시했으나 항공사에서 예약기록이 없는 상태

No Show 사전에 예약이 확정된 승객이 예약 취소 없이 공항에 나타나지 않는 경우

OAG(Official Airlines Guide) 미국의 Read Travel Group에서 여행객의 항공예약을 위해 전 세계 항공사의 운항 스케줄을 포함한 많은 정보를 월1회, 북미판과 세계판 2종으로 발간하는 항공예약책자이다.

Off Line 자사항공기가 운항하지 않는 지점이나 노선

Out Bound 국내에 있는 내국인 또는 외국인이 해외로 여행하는 것

Over Booking 항공사에서 예약 승객이 공항에 나타나지 않는 경우를 대비하고 효율적인 항공좌석의 판매를 위해 일정한 비율의 승객에 대해 실제 판매가능 좌석 수보다 초과하여 예약을 받는 것

Open ticket 돌아오는 날짜를 구체적으로 정하지 않고 예약한 항공권

Passport 국가가 발행하는 국적증명서라고 할 수 있는 여권을 말함

Piece System 승객의 탑승수속 시 수하물의 계산을 짐의 개수로 기준하는 제도로서 주로 태평양 횡단노선에 적용

PNR(Passenger Name Record) 승객의 이름 여정 연락처 등이 기록된 모든 예약기록

PTA(Prepaid Ticket Advice) 타 도시에 거주하는 승객을 위해 운임을 사전에 지불하고 타 도시에 있는 승객에게 항공권을 발급해 주도록 하는 제도

Rerouting 본래의 운송장에 기록된 여정, 운임, 항공사, 기종, Class, 비행편, 유효기간을 바꾸는 것

Safety belt 기내 좌석에서 승객의 안전을 위해 착용하는 안전벨트로 이륙, 착륙, 기상변동으로 인한 흔들림 시에는 안전을 위하여 반드시 착용해야 함

SPA(Special Proration Agreement) 특정 구간에 대해 정상적인 정산가보다 낮은 금액으로 정산할 것을 항공사 상호 간 합의함

Stand By Go Show 항공예약없이 공항에서 탑승대기자로 등록하는 경우를 말하며 좌석상황에 따라 좌석을 배정받게 됨

Stop-over 여정의 중간지점에서 24시간 이상 체류하는 것

SUBLO(Subject To Load) 사전예약은 할 수 없고 잔여좌석이 있을 때 탑승이 가능한 경우로 무상 혹은 할인요금으로 탑승하는 승객이나 항공사 직원에게 적용됨

Technical Landing 착륙의 목적이 승객이나 화물의 하기가 아닌 승무원의 교체나 급유, 기내 식보충을 위해 일시적으로 착륙하는 것

Ticket Time Limit 예약 후 일정 시점까지 항공권을 구입해야 하는 항공권 구입시한

Transit 항공기를 갈아탈 때 파생되는 포괄적 용어로 공항밖으로 나가지 않고 면세구역 내에서 항공기를 갈아타기 위해 대기하는 통과여객

TWOV(Transit Without Visa) 비자없이 특정국가에 단기 체류하는 것으로서, 여행객이 규정된 조건하에 입국비자 없이 입국하여 단기간 동안 체류할 수 있는 것

UM(Unaccompanied Minor) 만 5세~12세 미만의 어린이가 성인보호자 없이 혼자 여행하는 비동반소아를 일컬음

Up Grade 항공사좌석의 하위 Class에서 상위 Class로의 변경을 말함

Visa 방문하는 국가의 입국허가서

Weight System 승객의 수하물을 무게로 계산하는 제도

Waiting Close 좌석상태가 심각하게 포화 예약되어 있어 대기자 예약도 받을 수 없음

2 국내운항 주요 항공기 종류와 좌석

■ A380-800

1. 클래스별 특징

First Class Kosmo Suites

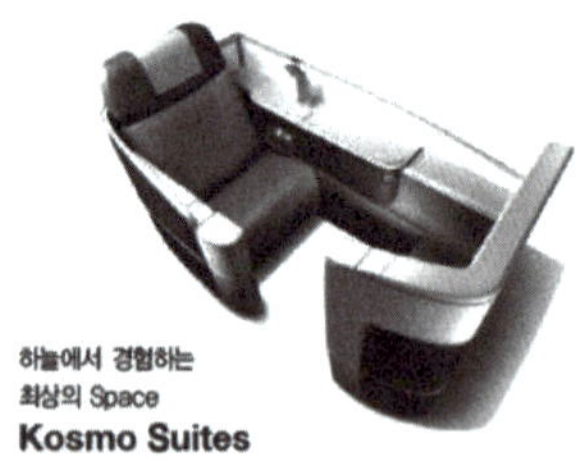

- 대형 파티션을 통한 프라이버시 강화
- 모던한 디자인과 우드톤의 고급 외장
- 16:9 고해상도 와이드 스크린의 23인치 대형 LCD 모니터
- 좌석의 기울기와 높낮이를 자유자재로 조절가능한 원터치 버튼
- 넓고 안정감 있는 테이블
- 다양한 수납공간

좌석 간 간격	83inch (211cm)
좌석 폭	27inch (69cm)
좌석 기울기 각도	180도
개인용 모니터 크기	23inch (58cm)

Pretige Sleeper Seat

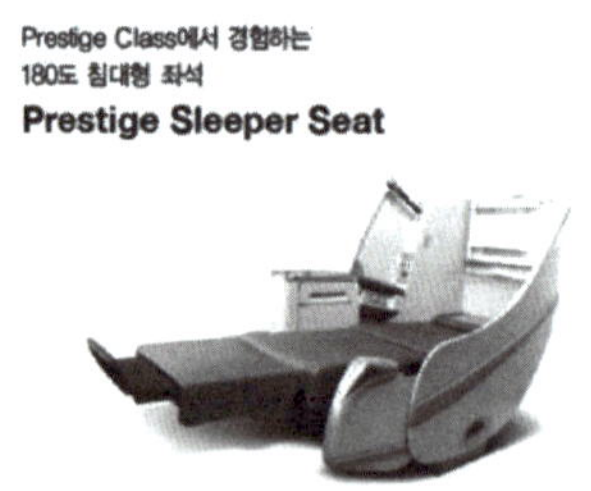

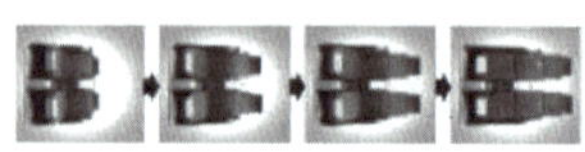

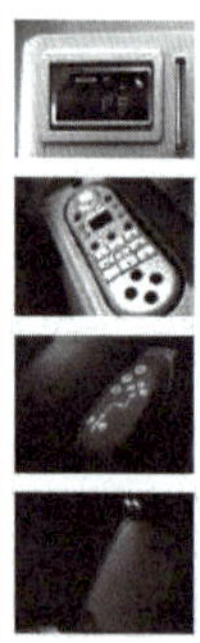

- 기존 프레스티지석 대비 대폭확대된 앞 좌석과의 간격이 만들어내는 넓고 여유로운 휴식 공간
- 15.4인치 와이드 스크링형 LCD 모니터
- 간편한 조작으로 다양한 기능을 구현하는 최신형 리모컨
- 편리한 원터치 좌석 조절 버튼
- 더욱 넓어진 좌석 간 파티션과 눈높이에 맞게 빛의 방향과 밝기 조절이 자유로운 개인 독서등

좌석 간 간격	74inch (188cm)
좌석 폭	22inch (56cm)
좌석 기울기 각도	180도
개인용 모니터 크기	15.4inch (39cm)

New Economy Seat

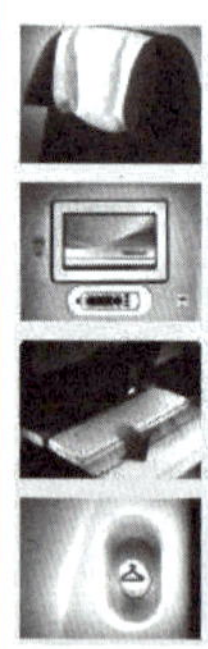

- 최대 34인치의 넓은 좌석 간 간격으로 차별화된 일반석
- 좌석 등받이를 뒤로 기울임과 동시에 방석 부분이 앞으로 이동하여 안락함 증대
- 다양한 방식으로 조절 가능한 Headrest
- 전 좌석 10.6인치 와이드 스크린형 LCD 모니터
- 슬라이딩 기능으로 테이블과 좌석 간 간격을 조절할 수 있으며, 반으로 접을 수 있어 한층 여유로운 공간 활용이 가능한 테이블
- 좌석마다 설치된 개인 옷걸이

좌석 간 간격	33~34inch (84~86cm)
좌석 폭	18inch (46cm)
좌석 기울기 각도	118도
개인용 모니터 크기	10.6inch (27cm)

2. 기재 특징

layout	- 2층 - 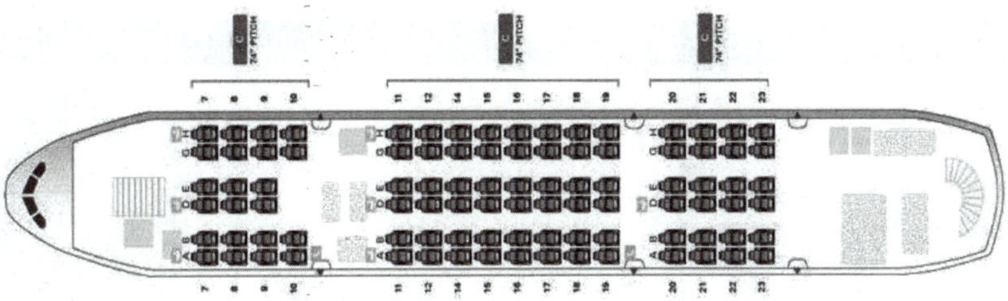 - 1층 - 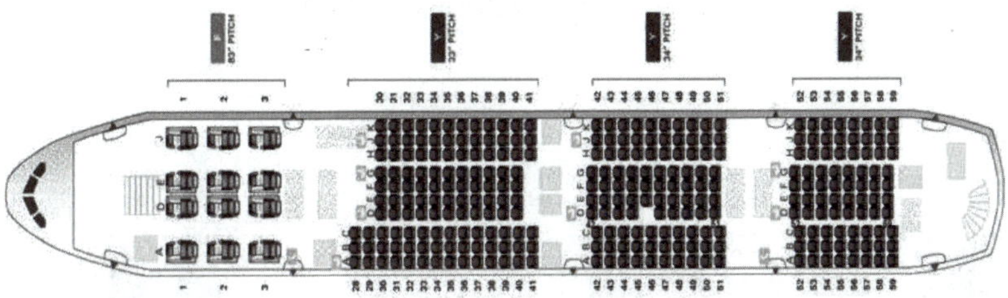
전원 공급 장치 	• 다양한 형태의 플러그 사용 가능 • 공급 전원 : 110V/60Hz
충전용 USB 포트 	• 카메라, MP3, 휴대폰 등 충전용 • 전 좌석 설치
기재개요	• 제작사 : 에어버스(Airbus) • 최대 운항 거리 : 15,000km • 최대 운항 시간 : 14시간 32분 • 항공기 길이/폭/높이 : 73m/80m/24m(240ft/262ft/79ft)

■ B777-200ER(772K)

1. 클래스별

First Class Kosmo Sleeper Seat

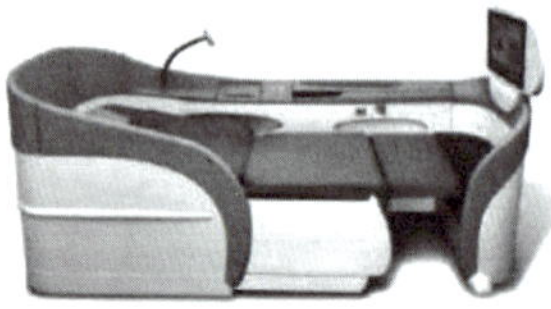

프라이버시를 지켜주는
독립적인 공간에서 누리는
최고급 호텔의 아늑함과 격조
Kosmo Sleeper Seat

- 고려청자의 색감으로 은은한 아름다움과 안정감을 더한 고급 외장
- 180도 수평으로 펼쳐지는 완전 평면형 좌석
- 더욱 크고 선명해진 대형 LCD 개인 모니터
- 편안한 휴식과 프라이버시를 제공하는 독립형 구조와 좌석 간 파티션
- 좌석의 기울기와 높낮이 조절이 편리한 좌석 조절 버튼
- 집중 조명 방식으로 눈의 피로를 덜어주는 개인 독서등

좌석 간 간격	83inch (211cm)
좌석 폭	21inch (53cm)
좌석 기울기 각도	180도
개인용 모니터 크기	15.4inch (39cm)

Pretige Plus Seat

완벽한 휴식과 비즈니스,
품격이 공존하는 곳
Prestige Plus Seat

- 기존 프레스티지석에서 한층 업그레이드된 170도 평면형 좌석
- 더욱 넓어진 좌석 공간과 앞 좌석 등받이의 기울기에 관계 없이 개인공간이 확보되는 Back Shell 타입 좌석
- 더욱 크고 선명해진 LCD 개인 모니터
- 프라이버시를 보장하는 좌석 간 파티션
- 좌석의 기울기와 높낮이를 자유자재로 조절할 수 있는 좌석 조절 버튼

좌석 간 간격	60inch (152cm)
좌석 폭	20inch (51cm)
좌석 기울기 각도	170도
개인용 모니터 크기	10.4inch (26cm)

Economy Seat

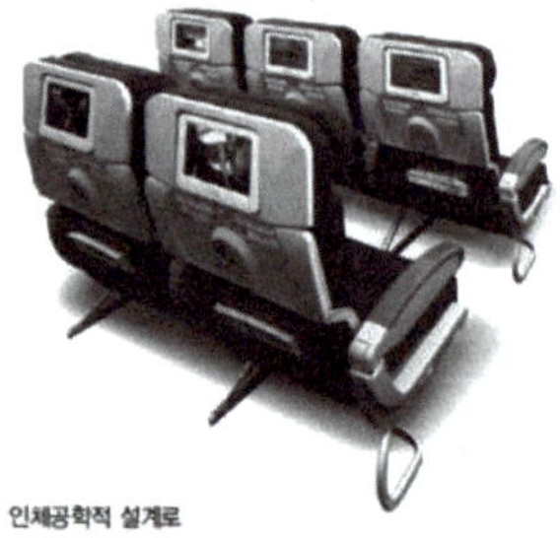

인체공학적 설계로
슬림해진 좌석이 주는 여유
Economy Seat

- 슬림해진 좌석과 최대 34인치의 넓은 좌석 간 간격으로 차별화된 일반석
- 인체공학적 설계로 장거리 여행의 피로를 덜어주는 편안한 좌석
- 스크린 터치나 리모컨 조작이 모두 가능한 LCD 개인 모니터
- 쿠션 모양뿐 아니라 앉은 키에 맞춰 상하로 높이를 조절할 수 있는 Headrest

좌석 간 간격	33~34inch (84~86cm)
좌석 폭	17inch (43cm)
좌석 기울기 각도	118도
개인용 모니터 크기	8.4inch (21cm)

2. 기재 특징

layout	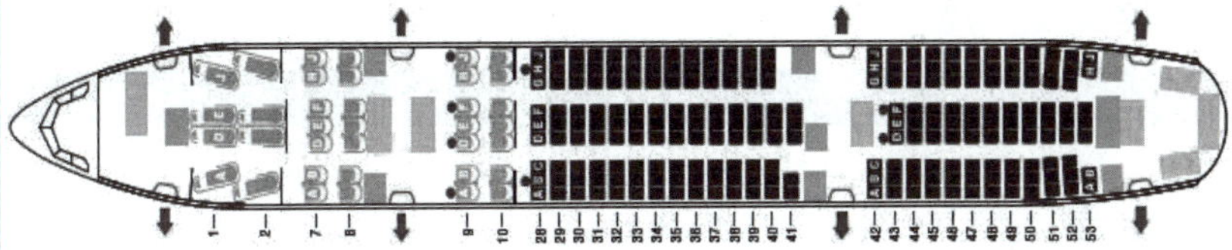
전원 공급 장치 	• 다양한 형태의 플러그 사용 가능 • 공급 전원 : 110V/60Hz • 일등석 및 프레스티지석은 전 좌석, 일반석은 좌석 그룹(3석)에 2개씩 공용으로 설치
충전용 USB 포트 	• 카메라, MP3, 휴대폰 등 충전용 • 전 좌석 설치
기재개요	• 제작사 : 보잉(Boeing) • 최대 운항 거리 : 12,538km(7,791mile) • 최대 운항 시간 : 14시간 7분 • 순항 속도 : 905km/h(562mph) • 항공기 길이/폭/높이 : 64m/61m/19m(210ft/200ft/62ft)

■ B777-300ER(77WS)

1. 클래스별 특징

First Class Kosmo Suites	Pretige Sleeper Seat	New Economy Seat

First Class Kosmo Suites

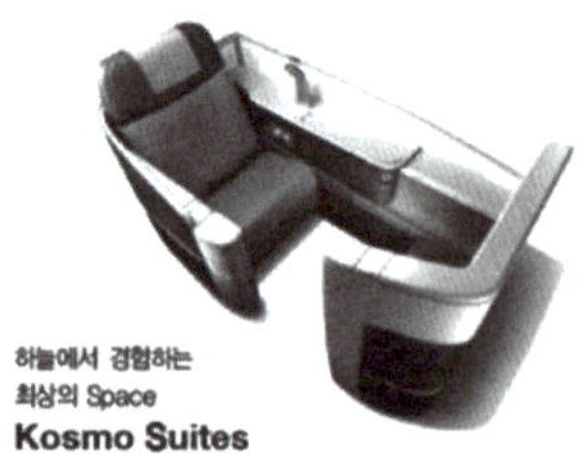

- 대형 파티션을 통한 프라이버시 강화
- 모던한 디자인과 우드톤의 고급 외장
- 16:9 고해상도 와이드 스크린의 23인치 대형 LCD 모니터
- 좌석의 기울기와 높낮이를 자유자재로 조절가능한 원터치 버튼
- 넓고 안정감 있는 테이블
- 다양한 수납공간

좌석 간 간격	83inch (211cm)
좌석 폭	27inch (69cm)
좌석 기울기 각도	180도
개인용 모니터 크기	23inch (58cm)

Pretige Sleeper Seat

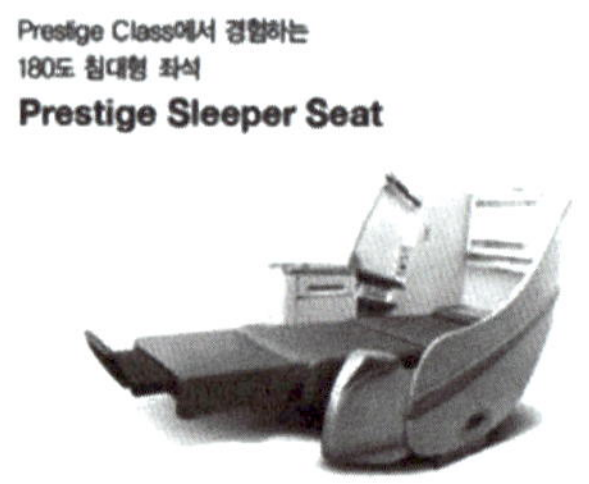

- 기존 프레스티지석 대비 대폭확대된 앞좌석과의 간격이 만들어내는 넓고 여유로운 휴식 공간
- 15.4인치 와이드 스크링형 LCD 모니터
- 간편한 조작으로 다양한 기능을 구현하는 최신형 리모컨
- 편리한 원터치 좌석 조절 버튼
- 더욱 넓어진 좌석 간 파티션과 눈높이에 맞게 빛의 방향과 밝기 조절이 자유로운 개인 독서등

좌석 간 간격	74inch (188cm)
좌석 폭	20inch (51cm)
좌석 기울기 각도	180도
개인용 모니터 크기	15.4inch (39cm)

New Economy Seat

- 최대 34인치의 넓은 좌석 간 간격으로 차별화된 일반석
- 좌석 등받이를 뒤로 기울임과 동시에 방석 부분이 앞으로 이동하여 안락함 증대
- 다양한 방식으로 조절 가능한 Headrest
- 전 좌석 10.6인치 와이드 스크린형 LCD 모니터
- 슬라이딩 기능으로 테이블과 좌석 간 간격을 조절할 수 있으며, 반으로 접을 수 있어 한층 여유로운 공간 활용이 가능한 테이블
- 좌석마다 설치된 개인 옷걸이

좌석 간 간격	33~34inch (84~86cm)
좌석 폭	18inch (46cm)
좌석 기울기 각도	118도
개인용 모니터 크기	10.6inch (27cm)

2. 기재 특징

layout	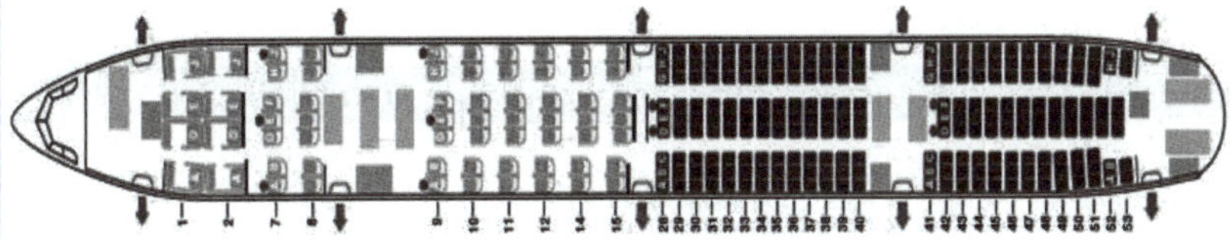
전원 공급 장치 	• 다양한 형태의 플러그 사용 가능 • 공급 전원 : 110V/60Hz • 일등석 및 프레스티지석은 전 좌석, 일반석은 좌석 그룹(3석)에 2개씩 공용으로 설치
충전용 USB 포트 	• 카메라, MP3, 휴대폰 등 충전용 • 전 좌석 설치
기재개요	• 제작사 : 보잉(Boeing) • 최대 운항 거리 : 13,383km(8,315mile) • 최대 운항 시간 : 14시간 51분 • 순항 속도 : 905km/h(562mph) • 항공기 길이/폭/높이 : 74m/65m/19m(243ft/213ft/62ft)

■ A330-300(333L)

1. 클래스별 특징

First Class Sleeper Seat

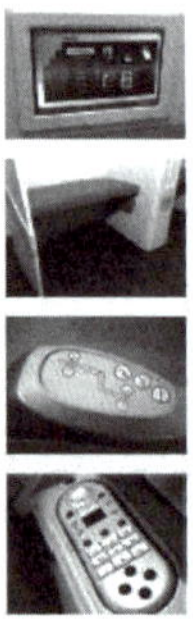

- 기존 일등석에서 한층 업그레이드된 180도 완전 평면형 좌석
- 프라이버시를 보장하는 독립된 공간과 편안한 수면과 휴식을 위한 발 받침대
- 16:9 고해상도 와이드 스크린의 17인치 대형 LCD 개인 모니터
- 편의용 선반과 다양한 수납공간
- 더욱 편리하고 심플해진 원터치식 좌석 조절 버튼과 최신형 리모컨

좌석 간 간격	83inch (211cm)
좌석 폭	21inch (53cm)
좌석 기울기 각도	180도
개인용 모니터 크기	17inch (43cm)

Pretige Plus Seat

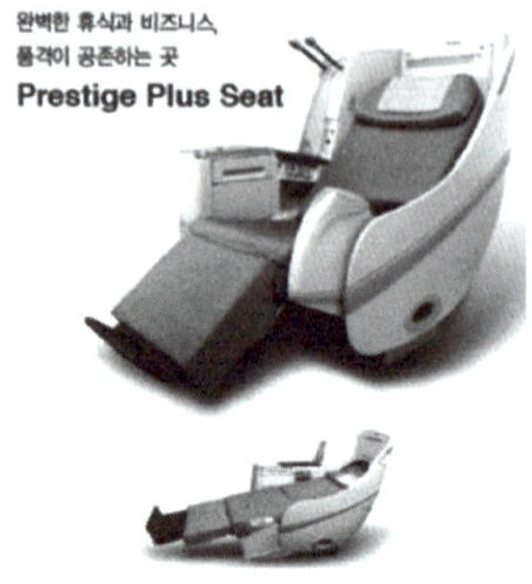

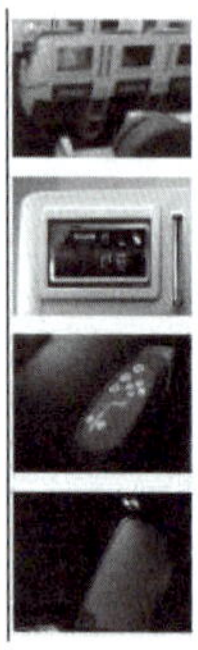

- 기존 프레스티지석에서 한층 업그레이드된 170도 평면형 좌석
- 더욱 넓어진 좌석 공간과 앞 좌석 등받이의 기울기에 관계없이 개인공간이 확보되는 Back Shell 타입 좌석
- 15.4인치 와이드 스크린형 LCD 모니터
- 편리한 원터치 좌석 조절 버튼
- 더욱 넓어진 좌석 간 파티션과 눈높이에 맞게 빛의 방향과 밝기 조절이 자유로운 개인 독서등

좌석 간 간격	65inch (165cm)
좌석 폭	20inch (51cm)
좌석 기울기 각도	170도
개인용 모니터 크기	15.4inch (39cm)

New Economy Seat

- 최대 34인치의 넓은 좌석 간 간격으로 차별화된 일반석
- 좌석 등받이를 뒤로 기울임과 동시에 방석 부분이 앞으로 이동하여 안락함 증대
- 다양한 방식으로 조절 가능한 Headrest
- 전 좌석 10.6인치 와이드 스크린형 LCD 모니터
- 슬라이딩 기능으로 테이블과 좌석 간 간격을 조절할 수 있으며, 반으로 접을 수 있어 한층 여유로운 공간 활용이 가능한 테이블
- 좌석마다 설치된 개인 옷걸이

좌석 간 간격	32~33inch (81~84cm)
좌석 폭	18inch (46cm)
좌석 기울기 각도	118도
개인용 모니터 크기	10.6inch (27cm)

2. 기재 특징

layout	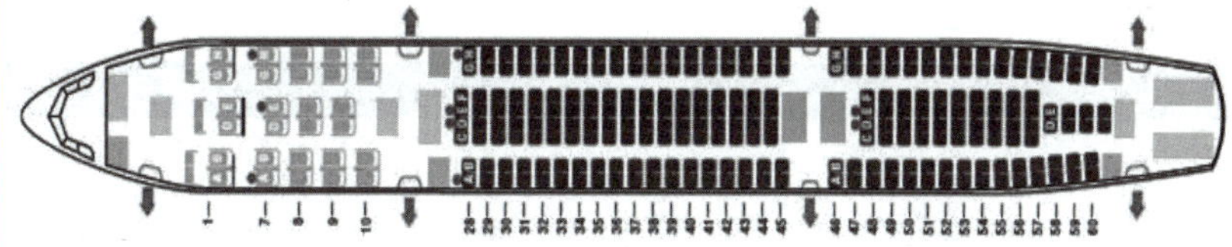
전원 공급 장치 	• 다양한 형태의 플러그 사용 가능 • 공급 전원 : 110V/60Hz • 일등석 및 프레스티지석은 전 좌석, 일반석은 좌석 그룹(2석)에 1개씩 공용으로 설치
충전용 USB 포트 	• 카메라, MP3, 휴대폰 등 충전용 • 전 좌석 설치
기재개요	• 제작사 : 에어버스(Airbus) • 최대 운항 거리 : 9,560km(5,940mile) • 최대 운항 시간 : 11시간 8분 • 순항 속도 : 883km/h(549mph) • 항공기 길이/폭/높이 : 64m/60m/17m(210ft/197ft/56ft)

■ A330-200(332L)

1. 클래스별 특징

First Class Sleeper Seat

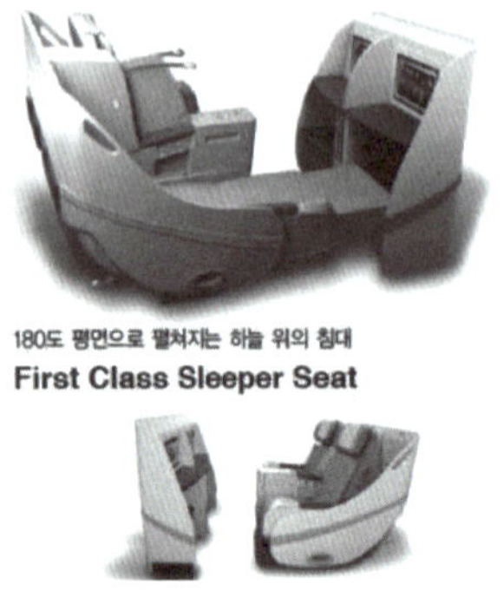

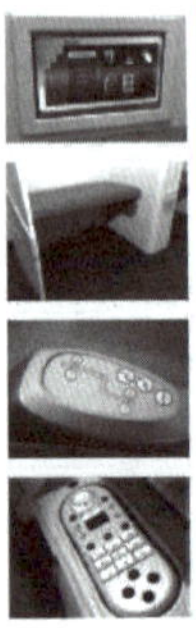

- 기존 일등석에서 한층 업그레이드된 180도 완전 평면형 좌석
- 프라이버시를 보장하는 독립된 공간과 편안한 수면과 휴식을 위한 발 받침대
- 16:9 고해상도 와이드 스크린의 17인치 대형 LCD 개인 모니터
- 편의용 선반과 다양한 수납공간
- 더욱 편리하고 심플해진 원터치식 좌석 조절 버튼과 최신형 리모컨

좌석 간 간격	83inch (211cm)
좌석 폭	21inch (53cm)
좌석 기울기 각도	180도
개인용 모니터 크기	17inch (43cm)

Pretige Plus Seat

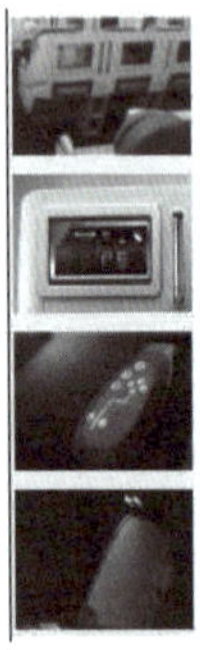

- 기존 프레스티지석에서 한층 업그레이드된 170도 평면형 좌석
- 더욱 넓어진 좌석 공간과 앞 좌석 등받이의 기울기에 관계없이 개인공간이 확보되는 Back Shell 타입 좌석
- 15.4인치 와이드 스크린형 LCD 모니터
- 편리한 원터치 좌석 조절 버튼
- 더욱 넓어진 좌석 간 파티션과 눈높이에 맞게 빛의 방향과 밝기 조절이 자유로운 개인 독서등

좌석 간 간격	65inch (165cm)
좌석 폭	20inch (51cm)
좌석 기울기 각도	170도
개인용 모니터 크기	15.4inch (39cm)

New Economy Seat

- 최대 34인치의 넓은 좌석 간 간격으로 차별화된 일반석
- 좌석 등받이를 뒤로 기울임과 동시에 방석 부분이 앞으로 이동하여 안락함 증대
- 다양한 방식으로 조절 가능한 Headrest
- 전 좌석 10.6인치 와이드 스크린형 LCD 모니터
- 슬라이딩 기능으로 테이블과 좌석 간 간격을 조절할 수 있으며, 반으로 접을 수 있어 한층 여유로운 공간 활용이 가능한 테이블
- 좌석마다 설치된 개인 옷걸이

좌석 간 간격	32~33inch (81~84cm)
좌석 폭	18inch (46cm)
좌석 기울기 각도	118도
개인용 모니터 크기	10.6inch (27cm)

2. 기재 특징

layout	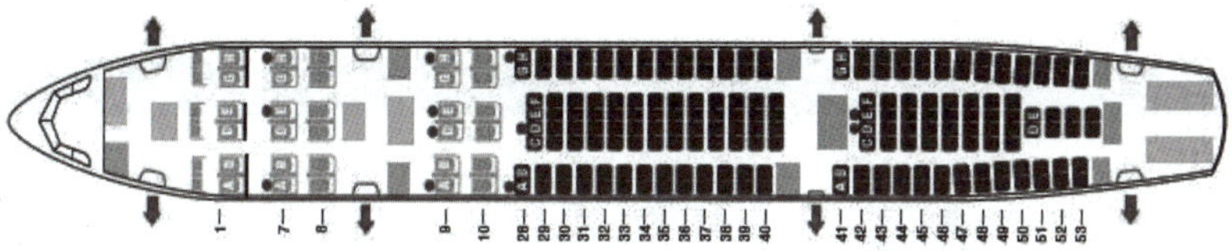
전원 공급 장치 	• 다양한 형태의 플러그 사용 가능 • 공급 전원 : 110V/60Hz • 일등석 및 프레스티지석은 전 좌석, 일반석은 좌석 그룹(2석)에 1개씩 공용으로 설치
충전용 USB 포트 	• 카메라, MP3, 휴대폰 등 충전용 • 전 좌석 설치
기재개요	• 제작사 : 에어버스(Airbus) • 최대 운항 거리 : 10,832km(6,731mile) • 최대 운항 시간 : 12시간 28분 • 순항 속도 : 883km/h(549mph) • 항공기 길이/폭/높이 : 59m/60m/17m(194ft/197ft/56ft)

■ B777-300(773L)

1. 클래스별 특징

First Class Sleeper Seat

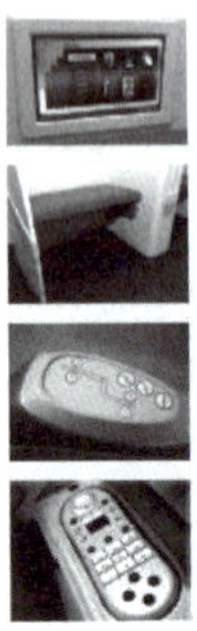

- 기존 일등석에서 한층 업그레이드된 180도 완전 평면형 좌석
- 프라이버시를 보장하는 독립된 공간과 편안한 수면과 휴식을 위한 발 받침대
- 16:9 고해상도 와이드 스크린의 17인치 대형 LCD 개인 모니터
- 편의용 선반과 다양한 수납공간
- 더욱 편리하고 심플해진 원터치식 좌석 조절 버튼과 최신형 리모컨

좌석 간 간격	83inch (211cm)
좌석 폭	21inch (53cm)
좌석 기울기 각도	180도
개인용 모니터 크기	17inch (43cm)

Pretige Plus Seat

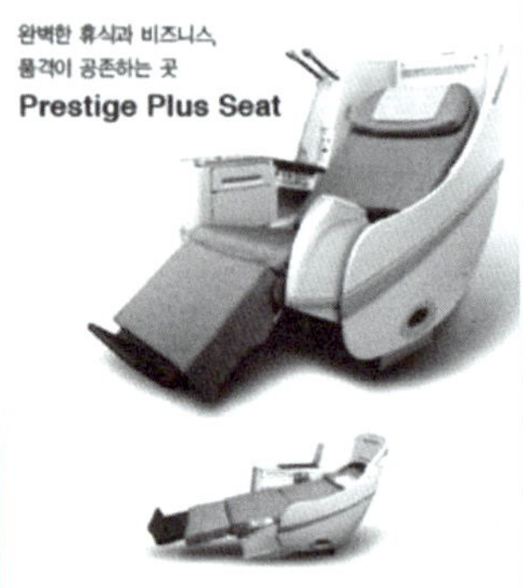

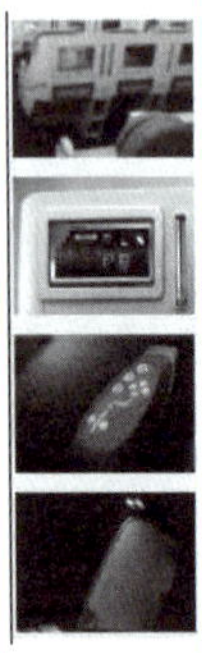

- 기존 프레스티지석에서 한층 업그레이드된 170도 평면형 좌석
- 더욱 넓어진 좌석 공간과 앞 좌석 등받이의 기울기에 관계없이 개인공간이 확보되는 Back Shell 타입 좌석
- 15.4인치 와이드 스크린형 LCD 모니터
- 편리한 원터치 좌석 조절 버튼
- 더욱 넓어진 좌석 간 파티션과 눈높이에 맞게 빛의 방향과 밝기 조절이 자유로운 개인 독서등

좌석 간 간격	65inch (165cm)
좌석 폭	20inch (51cm)
좌석 기울기 각도	170도
개인용 모니터 크기	15.4inch (39cm)

New Economy Seat

- 최대 34인치의 넓은 좌석 간 간격으로 차별화된 일반석
- 좌석 등받이를 뒤로 기울임과 동시에 방석 부분이 앞으로 이동하여 안락함 증대
- 다양한 방식으로 조절 가능한 Headrest
- 전 좌석 10.6인치 와이드 스크린형 LCD 모니터
- 슬라이딩 기능으로 테이블과 좌석 간 간격을 조절할 수 있으며, 반으로 접을 수 있어 한층 여유로운 공간 활용이 가능한 테이블

좌석 간 간격	33~34inch (84~86cm)
좌석 폭	18inch (46cm)
좌석 기울기 각도	118도
개인용 모니터 크기	10.6inch (27cm)

2. 기재 특징

layout	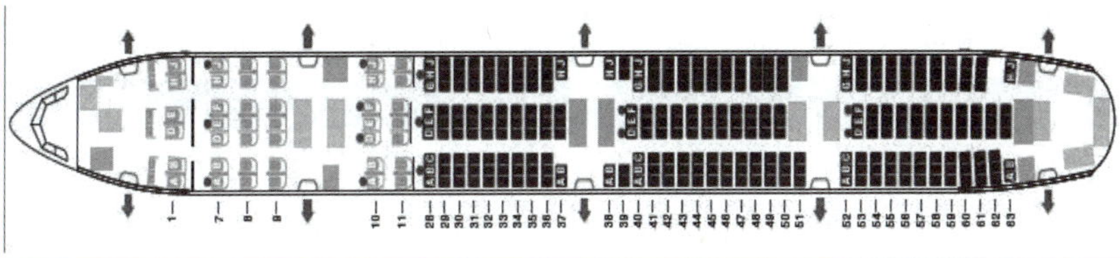
전원 공급 장치 	• 다양한 형태의 플러그 사용 가능 • 공급 전원 : 110V/60Hz • 일등석 및 프레스티지석은 전 좌석, 일반석은 좌석 그룹(3석)에 2개씩 공용으로 설치
충전용 USB 포트 	• 카메라, MP3, 휴대폰 등 충전용 • 전 좌석 설치
기재개요	• 제작사 : 보잉(Boeing) • 최대 운항 거리 : 9,352km(5,811mile) • 최대 운항 시간 : 10시간 26분 • 순항 속도 : 905km/h(562mph) • 항공기 길이/폭/높이 : 74m/61m/19m(243ft/200ft/62ft)

■ 747-400(744K)

1. 클래스별 특징

First Class Kosmo Sleeper Seat	Pretige Plus Seat	Economy Seat

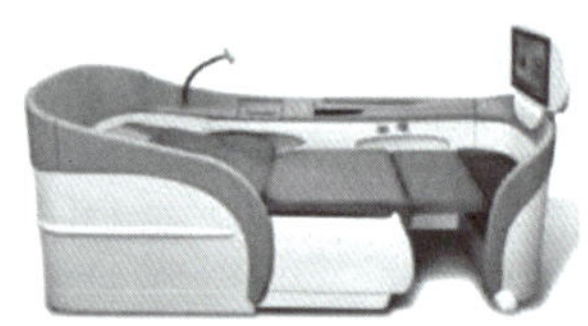

프라이버시를 지켜주는
독립적인 공간에서 누리는
최고급 호텔의 아늑함과 격조
Kosmo Sleeper Seat

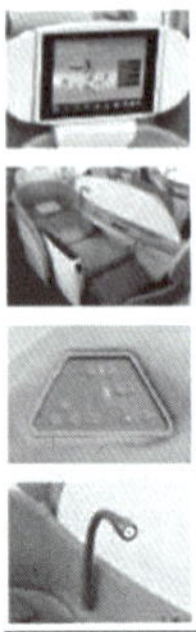

- 고려청자의 색감으로 은은한 아름다움과 안정감을 더한 고급 외장
- 180도 수평으로 펼쳐지는 완전 평면형 좌석
- 더욱 크고 선명해진 17인치 대형 LCD 개인 모니터
- 편안한 휴식과 프라이버시를 제공하는 독립형 구조와 좌석 간 파티션
- 집중 조명 방식으로 눈의 피로를 덜어주는 개인 독서등

좌석 간 간격	83inch (211cm)
좌석 폭	21inch (53cm)
좌석 기울기 각도	180도
개인용 모니터 크기	15.4inch (39cm)

완벽한 휴식과 비즈니스,
품격이 공존하는 곳
Prestige Plus Seat

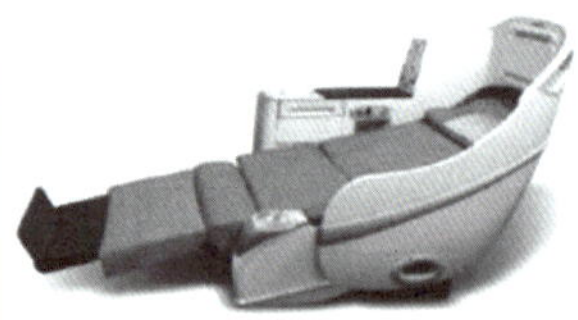

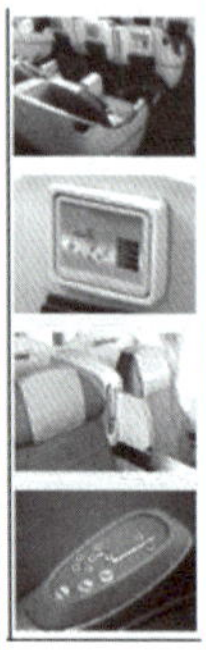

- 기존 프레스티지석에서 한층 업그레이드된 170도 평면형 좌석
- 더욱 넓어진 좌석 공간과 앞 좌석 등받이의 기울기에 관계 없이 개인공간이 확보되는 Back Shell 타입 좌석
- 더욱 크고 선명해진 LCD 개인 모니터
- 프라이버시를 보장하는 좌석 간 파티션
- 좌석의 기울기와 높낮이를 자유자재로 조절할 수 있는 좌석 조절 버튼

좌석 간 간격	58~60inch (147~152cm)
좌석 폭	21inch (53cm)
좌석 기울기 각도	170도
개인용 모니터 크기	10.4inch (26cm)

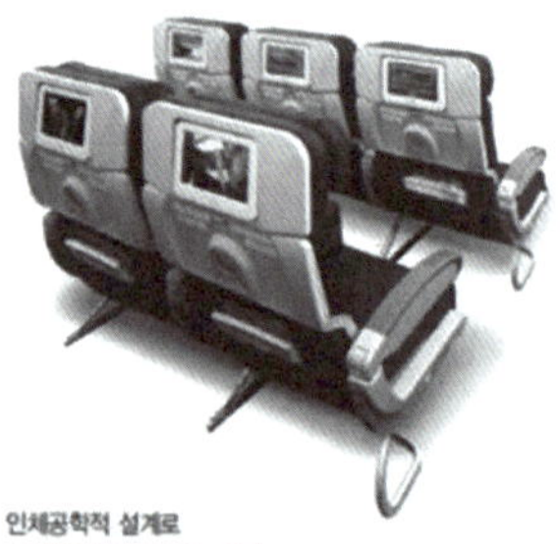

인체공학적 설계로
슬림해진 좌석이 주는 여유
Economy Seat

- 슬림해진 좌석과 최대 34인치의 넓은 좌석 간 간격으로 차별화된 일반석
- 인체공학적 설계로 장거리 여행의 피로를 덜어주는 편안한 좌석
- 스크린 터치나 리모컨 조작이 모두 가능한 LCD 개인 모니터
- 쿠션 모양뿐 아니라 앉은 키에 맞춰 상하로 높이를 조절할 수 있는 Headrset

좌석 간 간격	33~34inch (84~86cm)
좌석 폭	17inch (43cm)
좌석 기울기 각도	118도
개인용 모니터 크기	8.4inch (21cm)

2. 기재 특징

layout	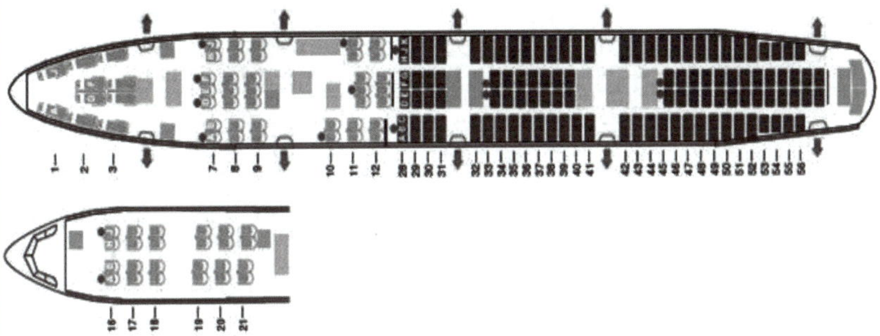
전원 공급 장치 	• 다양한 형태의 플러그 사용 가능 • 공급 전원 : 110V/60Hz • 일등석 및 프레스티지석은 전 좌석, 일반석은 좌석 그룹(2~3석)에 1개씩 공용으로 설치
충전용 USB 포트 	• 카메라, MP3, 휴대폰 등 충전용 • 전 좌석 설치
기재개요	• 제작사 : 보잉(Boeing) • 최대 운항 거리 : 12,821km(7,967mile) • 최대 운항 시간 : 14시간 14분 • 순항 속도 : 916km/h(569mph) • 항공기 길이/폭/높이 : 71m/64m/19m(233ft/210ft/62ft)

참고문헌

1. 국내 문헌

김병헌, "인터넷과 IT기술발전에 의한 항공여행 유통구조 변화," 항공진흥 제49호, 2008

김병헌 · 윤문길, "인터넷 발전과 유통구조 변화",한국항공경영학회 추계학술발표대회, 2008

서선, 항공여객예약실무, 백산출판사, 2006

윤문길 외, 항공운송서비스경영, 한경사, 2008

이태원, 현대항공수송입문, 기문사, 2010

허희영, 항공경영학, 2002

TOPAS, 예약, 2010

TOPAS SellConnect, 2022

대한항공, 홈페이지 http://www.koreanair.com

아시아나 항공, 홈페이지 http://flyasiana.com/index.htm

토파스여행정보 홈페이지 http://www.topasweb.com

2. 해외 문헌

Buhalis, D., Licata, C., 2002, The future of eTourism intermediaries, Tourism Management, Vol.23(3), pp. 207-220,

Stephen Shaw, 2004, Airline Marketing and Management, Ashgate, UK

AMADEUS http://www.amadeus.com

SABRE http://www.sabre.com

GALLILEO http://www.galileo.com

WORLDSPAN http://www.worldspan.com

ABACUS http://www.abacus.com.sq

IATA http://www.iata.org/Pages/default.aspx

UNWTO http://unwto.org/en

✻저|자|소|개

■김 병 헌(Kim, Byung Hun)

- 서울대학교 사범대학 국어교육학과 졸업(문학사)
- 인하대학교 경영대학원 교통학과 졸업(경영학 석사 : 마케팅)
- 한국항공대학교 대학원 경영학과 졸업(경영학 박사 : 항공. 관광 경영)
- 서울대학교 경영대학원 한진 MBA(KEDP) 수료

- (주) 대한항공 여객영업부문 근무 및 국내외 지점장 역임
- 토파스여행정보(주) 상무이사 역임
- 한국관광대학교 관광경영과 교수(학과장 및 교학처장) 역임
- 한림국제대학원대학교 컨벤션이벤트경영학과 겸임교수, 남서울대/광운대 관광경영학과 외래교수 역임
- 고용노동부/산업인력공단 국가직무능력표준(NCS) [여행서비스] 및 [항공운송서비스] 개발 위원
- 국토교통부(한국공항공사) 주관 지방공항활성화 민간 자문교수 참여

현) 한국관광진흥학회 학회장 및 [관광진흥연구] 발행인
한국항공전략연구원 전문위원
한국항공대학교 경영연구소 연구위원

[저서]
- 항공여객 예약실무, 기문사, 2011, 2018, 2020
- 국외여행 인솔자 Tour Conductor 업무론, 백산출판사, 2012, 2021
- 항공여객 발권실무, 기문사, 2013, 2018
- 관광학세미나, 백산출판사, 2016
- 서비스론, 지식인, 2016

■송 미 선

- (주) 대한항공 한국지역서비스 센터 근무(예약업무 담당 차장)
- (주) 콤비항공 여행사 이사 역임
- 한국관광대학교 관광경영과 겸임교수 역임
- 배화여자대학교 글로벌관광과 겸임교수
- 인하공업전문대학 출강

[저서]
- 항공여객 예약실무, 기문사, 2011, 2018, 2020
- 항공여객 발권실무, 기문사, 2013, 2018

항공여객 예약실무

TOPAS SellConnect

2016년 3월 20일 초 판 발행
2018년 2월 28일 2판 1쇄 발행
2020년 2월 28일 2판 2쇄 발행
2022년 7월 20일 3판 1쇄 발행

저 자 김병헌 · 송미선
발행인 한 인 환
발행처 도서출판 **기 문 사**
등 록 1978. 8. 9. NO. 6-0637
주 소 서울시 동대문구 안암로 50-1(용두동) 홍신빌딩 3층
전 화 02) 2265-7214/922-8662~8663
팩 스 02) 922-8772

homepage : www.kimoonsa.co.kr
e-mail : book@kimoonsa.co.kr

ISBN : 978-89-7723-919-7 93500

정가 : 22,000원

저자와의 협의하에 인지생략